羅光著

儒家形上學

臺灣學生書局印行

訂定本序

這本書，寫于三十五年前，那時我在羅瑪傳信大學任教，教中國思想史。因爲常聽到外國學者說儒家是倫理學，沒有形上學；又看到那時的中國哲學史，也都不講儒家的形上思想，胡適和馮友蘭都輕視易經，我便寫了這册儒家形上學。那時年輕，對中國哲學思想研究有限，所寫的這册書在研究方面未盡深入。

十年前，我將這册書修改了一次，出刊了修訂本。近十年裡，對中國思想所講所寫的很多，對這册書的內容又多不滿意。所以在去年年底出版「生命哲學」訂定本和「中國哲學的精神」兩本書以後，就把這册書的修訂本，再加修改，作爲訂定本。

這次修改的範圍很大，將全書的結構改得簡扼，更顯出儒家的形上結構。全書的內容，保留了原有的一半，重寫了幾乎一半，删去了一小部分。

形上學在中國儒家，是講形上的道，普通哲學研究宇宙、人、人的生活，分爲：宇宙論、心理學、理學。在研究這些部份以後，追求最後的理，乃有本體論研究「有」，以研究

「有」的哲學爲形上學。

儒家形上學當然研究「有」，然以「有」由「在」去研究，乃以變易之「有」爲本體，稱爲「生命」。

由變易之「有」，研究宇宙的變易，由宇宙的變易，研究人的變易，講解人的本體，講明人生活之道，因爲都是由「形上之道」一方面去研究，便能合成儒家的形上學。

寫這册書時，我還浸沉在士林哲學的分析方法內，便用這種方法解釋儒家的思想，似乎太形式化、太煩瑣，好處則在於說理清楚明瞭，可以改正中國哲學模糊籠統的習慣。我在訂定這册書時，在所保留的原文裡沒有更改。

至於儒家形上的基本觀念，如變易、生生、性、心、中，研究中國哲學的學者免不了各有各的意見，我將我的意見寫出，祇供各位的參考。

羅光 民八十年元月十一日 天母牧廬

修訂本序

在二十五年前，我在羅瑪寫過一本儒家形上學，由中華文化出版事業委員會出版，雖再版一次，現在已經是絕版了。

近十五年來，在輔仁大學和中國文化學院常講儒家形上學的問題，在報章雜誌上寫了幾篇有關於這類問題的文章，有幾篇文章已經收集在中國哲學的展望一書裏。

近年便常想把原有的儒家形上學一書，重新改寫一次，但由於時間難於抽出，至今尚不能如願，每次聽到有人問我這本書時，心中便有些著急。因此，在今年春天，寫完了隋唐佛學思想史，在寫元明清哲學思想史以前把儒家形上學一書，整理清楚，交由輔仁出版社付印。

儒家形上學的改寫本，加了儒家形上學一章，說明儒家形上學的意義和內容，宇宙論全部改寫，後面各章稍有增添。改寫和增添的資料，採自近年我所寫的文章。

雖然歐美近世紀哲學界因著科學的影響反對形上學，認爲不著實際，常屬空想，然而這班反對形上學的哲學家，他們卻把自己的理論建立爲一種形上學，因爲哲學沒有形上學就沒有基礎，沒有系統。形上學不是別的，只是研究最高理論的學術，讀哲學而沒有哲學的最高理論，哲學的思想怎樣建立呢？

批評或輕視儒家哲學的人，就是說儒家哲學沒有形上學，只是講人生的倫理學，假使眞是這樣，儒家的思想爲什麼可以延續幾千年的命運，而又能成爲道統的思想呢？我深入研究儒家的思想，體會到唐君毅和方東美兩位學者歷年對中國哲學的研究，已經指出了儒家形上學研究的途徑。

儒家的思想，以易經的「生生」爲中心，生生由動的方面去研究「有」，西方傳統形上學由靜的方面去研究「有」，易經的宇宙變化爲「生生」，物既由陰陽，互相結合而生，仍是繼續變化，整個宇宙沒有靜止的物，整個宇宙也沒有靜止的一刻。生生的動乃是生命，生命之理涵在每一物中，按照物所稟氣之淸濁，表現於動，人之氣淸，生命之理乃得完全表現於人的心。人心靈明，所表現的生命之理爲仁，仁是生，是愛，含有衆善。生命在天地之間因流於萬物，繼續於萬物，各物各有生命的規律，互相連接，互相調協。中國古人常以天地在自然的天籟旋律、山水間都流露著生氣。人活在天地間和萬物成爲一體，融洽在萬物的旋律裏，且以自己的仁心，贊襄天地的化育，聖人乃以萬物皆備於我，以天下爲一體，仁民而愛物。易經乃說「夫人者與天地合其德，與日月合其明。」

仁義禮智的生活，便是人性的發揚，倫理道德的基礎，建立在天地之道和人性之上。道德的價值，也是本體的價值。因此儒家的性善惡論，常由形上本體論去求解釋，朱熹便以人所稟的氣，作爲性善性惡的根由。

孔子注重禮，禮記以禮本於天理，天理爲天地之道，卽一陰一陽之道，禮的根本也向形上學的宇宙論去尋。

仁爲孔子倫理道統的中心，仁乃天生之德，由天地生生不息而表現，中庸便以仁的最高點在於贊天地的化育。

儒家的標準人格爲聖人，聖人爲心無情慾的大人，大人和天地合德，和日月合明。

儒家的仁義禮智信配合乾坤的元亨利貞，配金木水火土五行，中庸乃是天地萬物的調協，國家和平那是宇宙間的天籟。

或者有人可以問說：儒家的宇宙論是否在科學昌明的時代還可以存在？儒家宇宙論的形下層面天地構成說，以及元氣周流萬物說，已不合科學的發明，形上層面的生生之理，則不但可以存在，而且還可以發揚，歐洲新的哲學不是趨向動嗎？形上學的對象已經不是「有」，而是「成」。易經和理學所講的對象，便是生生之成。

生命不僅是儒家哲學思想的中心脈絡，而且也是道家和佛教哲學的中心，我們由生命去研究中國哲學思想，可以貫通，可以體會，可以欣賞。

民六十九年四月七、八日　天母牧盧

儒家形上學目錄

第二章 形上宇宙論……七一

第三章 人論……一七一

第四章 生活……二三一

第五章　名　學

第一章 形上學本體論

一、形上學的研究對象

1. 對 象

西洋的形上學，從亞里斯多德（Aristoteles 384-322 B. C.）以來，以「有」(being) 爲研究的對象，以靜態分析的方式來研究，探討「有」的意義，「有」的成素，和「有」的原理定律，從之進而研究「存在」（Existence）。研究「存在」他們依然採用靜態的觀念把「存在」和「性」（Essence）分開。直到近代的存在論（Existentialism）才從「在」去研究「有」，乃有所謂的「存有」。存有的「在」爲動態的「在」，海德格（Martin Heidegger 1889-1976 A. D.）以時間去襯托「存有」。

「有」和「在」的關係不可分開，一個「有」便是一個「在」，理想之有也是理想之在。但是理想之「在」，實際上不是「在」，因爲「在」的觀念，就是指的實在。聖多瑪斯把「有」和「在」的觀念分開，「有」由本性（Essence）作代表。在實際的存有，「有」和「在」是一體的兩面，由抽象方面去看，稱爲「有」，從具體方面去看，則稱爲「在」：實際的有，便可以稱爲存有。

西洋的傳統哲學，「有」的觀念不包含「在」的關係，是當代西洋形上學所很注意的問題。「在」的觀念則包含「有」，因爲「在」是「動詞」，「動詞」是附動，必定要有最普通的主詞，卽是「有」。「在」若用爲名詞，則是在者，卽是「在」的主體，普通說「在」，就是說「有」，既是「在」，必定是「有」，卽是「有」的「在」，所以凡是「在」，就是「有」。在「在」的觀念裡，就有「有」。「在」必等於「有」。但是在觀念上，「有」不等於「在」，因爲有些「有」，並不是「在」：祇是在實際上，「有」必等於「在」。在觀念上的「有」，不是「在」，爲能夠「在」，還須要一個原因，使「有」和「在」相結合。絕對自有的「有」，在本體內有「在」的原因，它是自有，但不能如同聖安瑟爾莫所說：絕對的有，在觀念內包含一切，包含「在」，絕對的有就必定實際上在。因爲絕對的有在觀念上，雖包含「在」，從觀念到實在，則是兩方面的事，不能以觀念就是事實。相對的有在本體不包含「在」，爲能夠在，須要另一動因。因此，西洋傳統哲學由「有」去解釋「在者」。

史各杜（Scotus）卻主張「有」等於「在」，凡是「有」都是「在」，不在，就是沒有，這樣，是不是一切的有都是自有呢？若是自有，則一切有都是絕對的有，結果，推翻了絕對之有的觀念；因爲絕對之有祇能有一個。史各杜答說：不是有等於在，有都是自有；因爲「在」不是在觀念上就是自己存在，「在」可以自己存在，可以由他而存在，這樣「有」，由「在」去解釋。

當代西洋哲學，由「在」去解釋「有」；「有」在觀念上，內容非常簡單，非常空虛，爲解釋「有」，須由「在」去解釋，一個「有」因着「在」成爲實際之有，實際之有具有充實的內容。海德格說：「此有祇能從它的存在去理解它自己，存在就是此有成爲自己或不成爲自己的可能性。」❶

「有」，爲一抽象觀念，「有」成爲自己，即成爲具體的有，當然由於「在」而成，「在」限定了「有」，充實了「有」。但是「在」所加於「有」的限定，都是一些特性，普通稱爲附加體。附加體加於一個主體，要符合主要的本性，而且附加體的來源，也是主體的本性。因此，「在」由「有」而限定。

「有」和「在」互相限定，爲理解「有」，不能僅由「在」去理解，必定先要從「有」的內容本性去理解，然後再由本性的具體存在去理解。

「在」，宇宙萬有的「在」，是在時間和空間以內；宇宙萬有的「在」，爲變的「在」，「在」的意義，特別由時間顯露出來。海德格也強調這一點，認爲眞實的自我存有，是意向的自我，意向傾向將來，由以往的我和現在的我更能顯出。在空間的在，是在世的存在，是社會的存在。許多存在共同存在，這種「在」，由彼此的關懷造成掛慮，掛慮顯出自我存有。若按傳統哲學由靜態抽象方面去看「在」，則「在」由附加特性而顯露，實際的「在」，爲一單體，單體的成因，不是「元形」，而是「元質」。

2. 研究的方法。

西洋傳統形上學研究「有」，從「有」的內容去研究，「有」的觀念，內容非常簡單，也就是非常空虛，每個「有」的內容，則是它的本性。研究每個「有」便從它的本性去研究。

「有」的觀念既然簡單空虛，沒有內容可以分析，西洋傳統形上學乃就「有」本性的特點去分析，便有形上學的同一律和矛盾律，又有「有」的本性眞、美、善。就如「有」的觀念，爲一切學術的基礎，同樣形上學的同一律矛盾律，和本性的眞美善，也成爲一切學術的基礎。因此，西洋哲學常以形上學爲第一哲學，又爲最高哲學。

近代西洋學術則以自然科學爲主，自然科學的對象爲具體的事物；近代西洋學術界乃養成重視具體事物而輕視抽象觀念的風氣。西洋近代哲學遂倡導以經驗爲智識的唯一途徑，摧毀傳統的抽象形上學。但是形上學爲學術的基本原理原則，沒有形上學，學術無法存在。當代西洋哲學乃有由具體的「在」去研究「有」的學派，這些學派中柏格森就很突出，而結成以「存在論」(Existentialism) 爲代表的系統學派，存在論又以海德格爲代表。

具體的存有，爲一常變的「存有」，無法可以予以分析研究，祇能自己予以體驗，海德格對於自我存有，在時間上，祇能以意向性顯示眞正的自我存有；在空間上，祇能以「在世存有」及「共同存有」的關心掛慮顯示自我。這些顯正都是自我的體驗，不是理性的分析，柏格森的生命論，則主張以「直見」(Intuition)去領悟。吳康教授說：「柏格森哲學之基本目的在緜延，其方法則爲直覺（Intuition），(亦譯直觀)。……實在本身是動的。……由是以知理智力之眞實品性，實不宜於思維「緜延」，不明不絕的動力，不知不斷的連續。在緜延中，理智所見，非不斷的長流，而是一種內在的空間，其中諸狀態，個別獨立，與具體之物無異，可以計量，可以積疊。要之，理智將不可分的實在緜延與同質時間混而不分，同質時間則可分，可計量者也。理智不能窺見生命之深遠本相，不喜傾聽彼深遠生命所發之不斷的薨薨之聲，而不知實在的緜延即在於是也，」❷

懷德海說：「一切事物都在流動，是第一個模糊，含混的普遍性，而形上學最重要的工作之一，即是闡釋一切事物都在流動所包含的意義。」❸爲理解這種意義，不能把「實際事物」和相關連的事物和宇宙相分離，而且實際事物泛指任何具體存在，是流動中的一刹那。這種流動乃是實際事物的歷程，有時間的緜延，有空間的體。若用抽象的理智分析法，無法捉摸。

註

❶ 項退結 海德格存在與時間探微，哲學與文化，一六六卷頁一七，海氏原書頁二三一。

❷ 吳康 柏格森哲學 頁四三—四五。臺灣商務印書館。

❸ Whitehead, A.N. Process and Reality. Corrected ed. David Ray. p. 208. 中文見楊士毅、懷德海哲學，東大圖書公司頁三一。

二、儒家形上本體論

1. 意 義

甲、儒家「形上」、「形下」的意義

「形而上」、「形而下」的名詞出自易經，「形而上者，謂之道。形而下者，謂之器」。(繫辭上，第十二)

兩漢經學家對這兩句話，沒有多加注意。宋代理學家們，對於「形上」、「形下」則各自提出不同的解釋，而且還有些爭論。

張載作易說，對形上形下的主張爲：

「形而上，為無形體者也，故形以上者謂之道。形而下，是有形體者，故形以下者謂之器。無形跡者，即道也，如大德敦化是也；有形跡者，即器也，見於事實，如禮義是也。……凡在形以上者，皆謂之道。惟是有無相接，與形不形處，知之為難，須知氣從此首。蓋為氣能一有無，無則氣自然生，是道也，是易也。」（易說下）

張子的重點在於，一、形上形下是有形無形。二、氣是形而上。程、朱對於這兩點都不贊成。朱子認爲：

「問形而上者，理也，何以不以形言？曰：『此言最當。設若以有形無形言之，便是物與理相間斷了。所以程子謂攔截得分明者，只是上下之間，分別一個界止分明。器亦道，道亦器，有分別而不相離者也。』」（朱子語類卷七十五）

程子和朱熹以爲上下不是有無。若以形上爲無形，形下爲有形，無形之道不得和有形之器，同在一實體內。可是實際上，道在器內，器內有道，道器相合而成一實體。因此，只能說在形以上者爲道爲理，在形以下者，爲器爲事。

朱子又言：

「謂一陰一陽之謂道，已涉形器，五性為形而下者，恐皆未然。陰陽固是形而下者，然所以一陰一陽者乃理也，形而上者也。五事固是形而下者，然五常之性則理也，形而上者也。試更思之，卽可見矣。」（朱子大全，卷五九，答郭子順）

程子也說：「子厚以清虛一大名天道，是以器言，非形而上者。」（濂洛關閩書、卷八、天地第十一）

程、朱只以理爲形而上，氣則爲形而下。朱熹直截地說：

「形而上者，指理而言；形而下者，指事物而言。」（語類卷七十五）

後代學者並不都接受程、朱的主張。清初王夫之主張形上形下，爲隱和顯。

「道之隱者，非無在也，如何遙空索去？形而上者隱也，形而下者顯也，纔說箇形而上，早已有一形字為可按之迹，可指求之主名。」（讀四書大全說，卷二，中庸第十一章）

清戴東原，解釋形上形下爲成形之前或成形之後，他不但以爲陰陽爲形而上，並且以五行之氣也爲形而上。

「形謂已成形質。形而上猶曰形以前，形而下猶曰形以後。陰陽之未成形質，是謂形而上者也，非形而下明矣。」—（孟子字義疏證，天道）

綜合以上各說，我們可以知道儒家的形上形下的意義，要看各人對於理氣的主張若何。主張理氣二元論者，則以理爲形上，氣爲形下。主張唯氣論者則以爲，成形或有形之氣爲形而下，未成形或無形之氣爲形而上。

乙、儒家形上學的名與實

「形上學」之名，以往的儒家未曾用過，於今我們提出此名詞，並非想創新立異，而是想借我們本有的名詞來翻譯西洋哲學中的一門學術的名詞——Metaphysics。

民國初年，張君勱和丁文江等人有科學與玄學論戰，把 Metaphysics 譯爲「玄學」。「玄學」一名在中國學術史上是有過的，魏晉清淡之士，高談玄理，通常我們稱此一時期，他們所談的三玄學，他們所談的三玄：易、老、莊，近於玄妙，不可捉摸。如今我們若說，儒家文玄，不免要令人驚疑，何況玄學通常指着玄妙之學，玄妙則可以指著虛無縹緲之學，就不成其爲學了。

再者，西洋哲學中的 Metaphysics是哲學中，研究實體（物體）之本性的一門學術，爲哲學推理的最高深點。實體的本性雖爲最高深，然並不是虛無縹緲，不宜稱之爲清談的「玄學」。

儒家宋、明的理學，卽在研究物之性理。在宇宙方面，理學家討論太極和陰陽。在物體方面，理學家討論理和氣。在人方面討論性和理，心和情。這一些問題，他們雖不是用系統的方法與以解說，但是理學家們對這些問題，各人都發表過自己的意見。這些意見可以說是他們對於物體本性的討論。因此，也就可以認爲是儒家的 Metaphysics——形上學。

理學家討論太極、陰陽、理氣、心理等問題時，常是注意「理」，不談每個實體的形器，因此，這一部份研究討論的對象，都是形而上的。我們把這部份研究討論稱之爲「形上學」，是很名符其實的。因此，我們便以儒家形上學代表儒家的 Metaphysics。

儒家形上學的範圍，較比理學的範圍小。理學除了性理部份外，還有修身養性的工夫的討論，我們講儒家形上學，只就儒家談論實體本性方面的思想加以述說。在時間上也不以理學時期爲限，早期儒家有關此方面的思想也一併加以探討。在原則上我們要探討的目標爲：我們要看儒家是不是和西洋形上學一樣研究「有」？儒家研究「有」的方法是從「在」的方面去研究，每個「在」都是變易，變易是生命，儒家的形上本體論，乃是生命哲學。儒家常以天地爲一大實體，我們便要看儒家怎樣解釋天地的性理，因此我們述說儒家的宇宙論。

天地間的實體中，以人爲貴。儒家思想的中心也在於人。因此，我們述說儒家的人論，講人的性、心、情、才。人的具體存在，就是生活，儒家的哲學，就是講人生之道，由天地之道以求人生之道，人的生活，有形上之理。

丙、儒家形上學的演進

儒家形上學雖不相當於宋、明理學，但是儒家形上學，可以說是由宋、明理學所闡明，而且也是理學的特點。因此，儒家形上學的演進史即是理學的演進史。關於宋、明理學的演進，近代中國學界頗有學者加以研究。寫成專書的有：錢穆的宋明理學概述，吳康的宋明理學。

儒家形上學的根據，當然要推易經與中庸。易經各部份的寫定，無論考據的人如何爭論，最晚也不能後於漢初。中庸爲子思所作，朱熹認爲由曾子所傳。

易經爲儒家形上學安排了幾個基本觀念：一、「生生」，二、「陰陽」，三、「變易之道」，四、「天道」與「人道」。中庸則奠定儒家生命哲學的形上基礎。

漢易註解易經的學者很多，他們大都接受鄒衍和董仲舒的「五行說」和「天人感應說」，再加上當時流行的術數，造成了讖緯的易經。這麼一來，易經幾乎和儒家思想脫了節，而成了道士輩的圖讖了。但到了唐代的儒家文人學士中，就不見治易經的人了。

在此必須說明的是，治易經的道士輩和道家的思想並無多大的關係，老莊的思想和讖緯或道藏中的「先天太極圖」根本上談不到師承關係。道士輩的思想源於道經，道經則是由漢朝的讖緯迷信和幻想脫化而來。宋朝周濂溪著「太極圖說」。「太極圖」源出道士輩的圖經，但是思想則直溯易經。周子摒棄了漢以來各種註易的雜說，他對易經有廓淸之功。後起的張載作易說，程頤作易傳和朱熹所校正的周易繫辭精義都承繼這種精神。然而我們也不能說，道士輩的圖經對宋代理學沒有影響。易經宇宙論的系統，因圖解而有系統，宋代理學對太極陰陽的變化，作系統的解釋乃是受其影響。

理學的中心思想，在於人的理氣和心性，對於此點，很多學者都認爲是受了佛敎的影響，佛敎到了唐朝臻於極盛時期。派別雖多，但對於中國士大夫階級影響最大的要推禪宗。禪宗的主旨是明心見性，理學家們雖也常談心性，但內容卻與佛敎大異其趣。

理學家的興起，旨於闢佛，要想闢佛就該對症下藥。佛敎常談心性；但所談的卻違背中國聖人的敎訓，因爲佛敎以心性爲空。理學家乃注重心性，以心性作修身的基本。先儒並不是沒有談過心性，大學有「正心」，「誠意」，中庸有「率性」，「中和」和「誠」。理學家便發揮這種思想。他們把易經的形上觀念和大學、中庸的修身觀念，聯合在一起，造成了宋、明理學。所以中國思想史常以理學爲集合道佛而成的新儒學。

理學的第一位大師，當擧周濂溪，他的著作很少，只有短短的太極圖說與通書，這兩書都是據易經而立說。太極圖說講明天、地、人、物的本體；通書則闡述正心誠意之道。這兩種著作的思想和方法，都是後代理學家的模型。

邵雍（康節）的著作較比周濂溪多得多，但是他不能算爲理學的第二位大師，因爲他傾於漢代讖緯的易說，所著皇極經世多屬象數的臆測，卽非哲理，又非科學。後代理學家沒有人繼承他的學說。

理學的第二位大師，普通都推張載，他著有正蒙與理窟，東銘、西銘。又有易說十卷（已逸）他的思想重點在於「氣」。

程頤、程顥兄弟是繼起之秀，大程重「心」，小程重「性」。大程乃多談「道」和「仁」；小程子對「理」字多有發揮。

朱熹爲程門弟子，爲宋代理學之集大成者。朱子的中心思想在於主張物之本體，以「理」與「氣」爲主要的構成分子。因此，人心有「理」有「氣」，心乃統「性」和「情」。從心統性情的原則上建立了他「致知格物」和「正心誠意」的思想。

陸象山與朱子同時而學說相反，象山主張「心卽理」，明心卽可洞見一切事理。顯係受禪宗的影響。

後期理學家，不但分有「朱派」、「陸派」，還有「湘派」、「浙派」。然思想大都不出前人窠臼，僅在小問題上斷續地爭辯不休。唯一有建樹者爲王陽明，這已到了明代了，陽明承繼陸學，主張在實踐上下工夫，創「致良知說」，以良知爲知是非之心，誠於自己之心，卽致良知，他更主「知行合一」之說。

晚明與清朝學者，蔑視宋、明的理學，他們想直溯漢儒治經的風氣，以王船山爲代表，王船山可以說是最後的理學家，他集合經學，史學和理學，他的理學思想，繼承張載的「氣」說，然而主張氣開始卽有陰陽，祇是不顯明，稱爲太極，因此他的易說，主張乾坤並建，清朝，顏習齋、戴東原也談心性，但並不專注於此種學術上，他們有的是治經學，有提倡經世致用之學，這個時期的思想是與理學不同的。

2. 生命哲學

甲、儒家生命哲學的演進

西洋形上學以「有」或「存有」爲研究的對象，或由「有」的內容去研究，或由「在」的意義去研究。「有」或「存有」指着實體，凡是實體都是「有」，因此說「萬有」。「有」爲最根本的觀念。

儒家形上學所研究的對象也是「有」或「物」，卽「萬有」「萬物」的最根本觀念。儒家研究「有」，不是從「有」的內容去研究，而是從「在」去研究。每個「有」都是「在」，「有」的內容空虛且抽象，「在」則是實際的有，可以作研究的對象。凡是「在」，都是動的在，易經稱爲易，卽是變易。整個宇宙常繼續變易，每個單體的「有」，也是繼續變易，因此，儒家形上學的研究對象爲「變易」，不是抽象的變易觀念，而是具體變易的「在」。

易經稱這種變易爲「生生」，繫辭上第五章說：「生生之謂易」。我所以稱儒家的形上學爲「生命哲學」。哲學的開端，常從宇宙開端，研究宇宙是什麼，然後追究萬物的本體，中國哲學由易經開端，研究宇宙，宇宙爲一常變動體，宇宙萬物也常在變，變是內在的變，因此稱爲生命，

儒家的生命哲學在尚書的舜典和洪範兩篇裏，已經開端，以人君行政按照天時，天時由日月星辰風雨在四季裏顯出，天時的意義則爲使五穀生長。

易經成熟了儒家的生命哲學，以六十四卦象徵天地的變化，天地的變化稱爲「易」。「易」則是「生生之謂易」。整體的宇宙，合成一系統的變易，每個物體，又自成一變易。變易由兩原素：陽陰而成，陽陰常動不停，繼續相交，交乃成物。「一陰一陽之謂道，繼之者善也，成是者性也。」(繫辭上　第五章) 宇宙的變化以天地爲代表，天爲陽，地爲陰，泰卦彖曰：「泰，上往大來吉亨，則是天地交而萬物通也。」又以乾坤爲代表，乾爲陽，坤爲陰。乾卦彖曰：「大哉乾元，萬物資始，乃統天。」坤卦彖曰：「至哉坤元，萬物資生，乃順承天，坤厚載物，德合無疆」。因此，易經繫辭曰：「天地之大德曰生。」(繫辭下　第一章)

易經肯定了宇宙的變易爲化生萬物，稱爲生生，又說明了變易的性質：爲進退，爲剛柔，變易的原則：爲循環，爲繼續。「剛柔相推，乃生變化。……變化者，進退之象也。」

（繫辭上　第二章）「復，反復其道，七日來復，天行也。利有攸往，剛長也。復其見天地之心乎。」（復卦　彖曰）

易經的「生生」思想，到了漢朝的易學更顯明出來。漢朝易學家講易數和易象，爲「象數之易」，把五行摻入了易經的變易。宇宙的變易在空間和時間內進行，空間爲東南西北和中央，時間爲春夏秋冬四季。漢朝易學把易經的卦配合一年的四季，十二月，二十四節氣，七十二候，三百六十五日零四分。又以四季配合四正卦，再配合四方。整體宇宙的變易，以四季和四方作代表；四季和四方的變易，標榜爲春生，夏長，秋收，冬藏，象徵五穀的生長。整體宇宙的變易，便是爲「生生」。

呂氏春秋有十二紀，禮記有十二月令，將皇帝的行政工作，配合一年的四季十二月，使能像中庸第二十二章所說：「贊天地之化育。」

宋朝理學家周敦頤作太極圖，無極而太極，太極生兩儀陽陰，兩儀生五行，五行生男女，男女生萬物。周敦頤以漢朝的五行，代替了易經的四象，又把乾坤加入圖裏：「乾道成男，坤道成女，二氣交感，化生萬物」。（太極圖說）

朱熹倡理氣二元論，以天地萬物是「理一而殊」，「理一」爲同一生命之理，「而殊」爲每個物體因稟氣淸濁不同而理有不同，惟人得生命之全，人的生命乃最高。朱熹說：「天地以生物爲心，天包着地，別無所作爲，只是生物而已。亘古至今，生生不窮，人物得此生物之心以爲心。」（朱子語類　卷五十三）「發明心字，曰，一言以蔽之曰生而已矣。天地之大德曰生，人受天地之氣以生，故此心必仁，仁則生矣。」（朱子語類　卷五）

清初王船山講解易經，排除漢朝的象數易，直接解釋易經的理論，主張氣本體有陰陽，陰陽變化不停，故每一物體的本體也常變易，「性日生而命日降」，王船山的周易內傳卷一，解釋乾卦的「飛龍在天，乃位乎天德」，說：「天道同流於六位，惟五居中而應乎天位，乃天之大德，敦化所以行時，生物之主宰運乎上，而雲行雨施，皆自此出也。」卷五，解釋「生生之謂易」說：「此以下正言易之所自設，皆一陰一陽之道，而人性之全體也。生生者有其體，而動幾必萌而顯諸仁，有其藏，必以時利而效其用。」又在卷一解釋泰卦「天地交而萬物通也」說：「天以清剛之氣，爲生物之神而妙而變化，下以地中，以鼓動地之形質上蒸，而品物流形，無不暢遂。」

清朝戴震由氣化講生生，「凡有生卽不離於天地之氣化。陰陽五行之運而不已，天地之氣化也；人物之生生本乎是。」（孟子字義疏證　卷中）

儒家自尚書到易經，由易經到理學，在本體論方面，以「生生」貫串全部思想，在倫理方面，以「仁」貫串全部思想。仁卽生，因此儒家思想可以稱爲生命哲學。

乙、生命的意義

A 動

易經以宇宙一切都是動，「有」就是動性的「在」，動爲「易」，「易」爲生命。易經云：「易之爲書也不可遠，爲道也屢遷，變動不居，週流六虛，上下無常，剛柔相易，不可爲典要，唯變所適」。（繫辭下 第八）宇宙不是一個靜止的塊然大物，而是一個變動不居，剛柔相易的整體。無時不變，無物不變。「變」是變易，變有什麼意義呢？

「化而裁之謂之變，推而行之謂之通。」（繫辭上 第十二）朱熹註說：「因其自然之化而裁制之，變之義」，這個變字和通字通用，指的是聖人在治國時，知道按着天地之道而有變通，以治理國家。

「是故，闔戶謂之坤，闢戶謂之乾，一闔一闢謂之變，往來不窮謂之通。」（繫辭上 第十二）朱子註云「闔闢，動靜之幾也，先言坤者，由靜而動也，乾坤變通者，化育之功也。」闔闢爲動靜，動靜爲乾坤，乾坤爲剛柔。「剛柔相推而生變化。」（繫辭上 第二）「剛柔相推，變化其中矣。繫辭焉而命之，動在其中矣。」（繫辭下 第一）變易是由剛柔相推，動靜相繼。剛柔代表動靜，動靜代表乾坤，乾坤代表天地，天地代表陽陰，變易乃是陰陽的結合，易經很少講陰陽，卻常講剛柔和天地。

B 化

變又是化，變化二字的意義爲：「變化者，進退之象也。」（繫辭上 第二）進退代表動靜，變化由動靜而成，而變化代表動靜的現象。但「化」在易經上有特別的意義，它指動靜之變所有之成，生新的體。「易與天地準，……範圍天地之化而不過，曲成萬物而不遺。」（繫辭上　第四）

「窮神知化，德之盛也。」（繫辭下　第五）宇宙的變化神妙，變所有的化更是神奇莫測，易經乃稱宇宙的變化為「神」。而說：「神無方而易無體」（繫辭上　第四）。能夠知道宇宙的變化，則必定是一位有盛德的聖人。故曰：「易無思也，無為也，寂然不動，感而遂通天下之故，非天下之至神，其孰能與於此？」（繫辭上　第十）又說：「知變化之道者，其知神之所為乎。」（繫辭上　第九）

天地變化，看來似乎不動。一株小花，由發芽生葉到開花，從外面看不出有什麼動作，似乎是「寂然不動」，然而其中的變化卻是異常神妙的。葉子、花，都是新的產物，只有聖人才能知曉天地變化的神妙，「夫易，聖人之所以極深而研幾也。唯深也，故能通天下之志；唯幾也，故能成天下之務；唯神也，故不疾而速，不行而至。」（繫辭上　第十）天地的變化既深遠，又微妙，而聖人能夠洞察天意，「極深研幾」，窺其端倪以引導人民。

C　生　生

天地的變化是有目的的，其要在於「生生」，因為這種變易是「化」，化則是「化生」，化生則成新的實體。易云：「生生之謂易」（繫辭上　第五），天地變易之道乃是生生。生生為化生一個新的「存在」，即是產生一個新的「有」——「實體」。

論語中記載孔子由觀察自然的現象，而得到萬物化生的結論，他說：「天何言哉！四時行焉，百物生焉，天何言哉！」（陽貨），這和易經中的「天地之大德曰生」的意義相通。

「生」的觀念充滿易經。天地、乾坤、陰陽都是指萬有變動的兩種元素或動力。其所起的變易則在於「生生」，易云：「天地絪縕，萬物化醇，男女媾精，萬物化生」（繫辭下 第五）朱熹註云：「絪縕，交密之狀，醇謂厚而凝也，言氣化者也。化生，形化者也。」也就是說，天地——陰陽之氣，互相交接，萬物因而生化。泰卦彖曰：「小往大來吉亨，則是天地交而萬物通也。」歸妹卦彖曰：「歸妹，天地之大義也。天地不交而萬物不興。」天地相交則萬物亨通而興發，「天地相交」即是「易」：就是變化，有變易，萬物乃生。

乾卦彖曰：「大哉乾元，萬物資始乃統天。」坤卦彖曰：「至哉坤元，萬物資生，乃順承天」。乾坤爲萬物化生與存養的資源，一切物都由乾坤相合而生。易傳云：「乾道成男，坤道成女，乾知大始，坤作成物。」（繫辭上 第一）朱熹：「乾主始物，而坤作成之。承上文男女而言乾坤之理。蓋凡物之屬乎陰陽者，莫不如此。大抵，陽先陰後，陽施陰受，陽之輕清未形，而陰之重濁有迹也」。乾坤代表陽陰，陽陰相結合則萬物化生。

「一陰一陽之謂道，繼之者善也，成之者性也。」（繫辭上 第五）宋、明理學家對於易傳的這段話非常重視，所作的註解很多。原文之意義，在於說明生生的變化之理；宇宙之道就是陰陽變化之道，這種變化繼續不止，表示天地好生的善德，這種變化的成果，是物的性。物因「性」而成，性由陰陽相結而生。這種陰陽的變化，不僅是不停地繼續產生新的實體，而且在所成的物體內還是繼續不停的變化。這就是說，每一實體的本體是動的，而非靜呆的。王船山乃主張「性日生而命日降」，每一個體的「性」時時刻刻在成就，並不是一成就停止了，因為陰陽繼續再變易。但是在一個物體內，其性雖是繼續再成就；性的理卻是不變，性常是這個性，那是因為「命日降」。命為「天命之謂性」的天命，這個性乃是因為天命如此。陰陽的變易，按着天命而變，繼續的變易，需要繼續的天命，因此，「性日生而命日降。」

每一個物體的本體，這是就實際的存在而言，這個繼續動的存在，稱為生命。繼續不停的變易，稱為化育。化育的思想為儒家傳統的思想，天地化育萬物，聖人也發育萬物。天地的變化使萬物發生，又繼續培育。聖人法天去治理國家，使人民能夠生存發育。

「至誠者，……贊天地之化育，則可以與天地參矣。」（中庸 廿一章）

「大哉聖人之道，洋洋乎發育萬物，峻極於天。」（中庸 第廿七章）

中華民族自古爲農業民族，農民的生活與日夜四季的變化有很密切的關係，日夜的變化是因着，太陽和月亮。四季的寒暑、雨露，則直接影響農作物的生長。風調雨順，寒暑得宜爲農民最大的希望。上天有好生之德，使四季的變化能適宜於五穀的發育。孔子說：「天何言哉！四時行焉，百物生焉，天何言哉！」（陽貨）宇宙的變化爲化育，化育爲生生，生的物體乃是生命。

D 生命

易經和中庸所說的「生」，是否爲一般所謂的「生命」？一切物都稱爲「生」，它們是否都是「生物」？

生命和生物，在哲學與科學裏都有一定的意義，生命是一種「內在自動力」，生物則是具有此「內在自動力」之物體。生物又可分爲植物、動物和人。通常在科學和哲學中分宇宙物體爲生物與無生物兩大類，無生物又稱礦物。易經和中庸是否以萬物都是生物？

易經和中庸以及後代儒家，都承認物體中分爲生物和無生物，也把人和物分得很清楚。然而宋儒朱熹卻認爲凡物都有其生命之理，只是生命之理的表現有高低的程度，在無生物中，生命之理只有一點表現——存在。在植物裏，生命之理有部份的表現，動物則又比植物多些，而人則是生命之理的全部表現。朱熹認爲物得理之偏，人得理之全。

朱熹以萬物同一「理」，然則「理一而殊」。萬物之理相同，如天地間只有一太極，太極爲「理之極至」。萬物之氣則之同，因爲氣有清濁。物得氣之濁，因此，所有之理不能顯明；人得氣之清，所有之理乃完全顯出。朱子說：「西銘要句句見理一而殊，西銘一篇，始末皆是理一而殊。以乾爲父，坤爲母，便是理一而分殊，予玆藐焉混然中處，便是殊分而理一。天地之塞吾體，天地之帥吾性，分殊而理一。民吾同胞，物吾與也，理一而殊。逐句推之，莫不該然。」(朱子語類　卷九十八) 朱熹這一段話，講張載的西銘，西銘以爲人和天地萬物合爲一體，朱子說這是理一而殊之故。

「問理與氣？曰：伊川說得好，曰理一而殊，合天地萬物，只是一個理。及在人，則又各自有一個理。」(朱子語類　卷一) 人都是相同的，但在個性上又不盡相同。朱熹乃說，人的氣質之性有善惡，人因氣質之性——理和氣結合之性，而有善惡、智愚、賢不肖之分別。

「問：或問氣之正且通者爲人，氣之偏且塞者爲物，如何？曰：『物之生，必因氣之聚而成形。得其清者爲人，得其濁者爲物。……』又問：氣則有清濁，而理則一同，如何？曰：『固是如此理者，如一寶珠，在聖賢則如置在清水中，其輝光自然可見；在愚不肖者，如置在濁水中，須是澄去泥沙，則光方可見。』」(朱子語類　卷十七) 在此，朱熹說得很明顯。萬物之理同是生命之理，只是因所得之氣有清濁之不同，生命的表現乃不同，所以各種物體的生命也就不同。礦物沒有生命，但也有生命之理。生物當然有生命之理，只是程度不同。

最高的生命爲人的生命，因生命之理在人以內完全表現出來。而人的生命又有高低不同，如孟子所言，人有「大體」，「小體」，小體爲感覺之官，這是禽獸也有的。大體爲心思之官，是人之所以爲人所特有的，心思之官亦是一種生命，是仁義道德的生命，而不只是理智的生命。孟子以人心生來有仁義禮智之端，人的生命乃是道德的精神生命。

「人之所以爲人，其理則天地之理，其氣則天地之氣。理無跡不可見，故於氣觀之。要識仁之意思，是一個渾然溫和之氣，其氣則天地陽春之比，其理則天地生物之心」。（朱子語類 卷六）仁義道德的生命，在天地萬物中都存在，只是不能顯出，然而在天地間已顯露出，天地是在化生萬物。這就是天地生物的仁心。人得天地之心，並以天地之心爲心，仁心也就是仁。中庸說：「仁者，人也。」

生命的意義，爲仁義的精神生命。這種生命之理在萬物中都有。因此，凡物都是生物，物的化成也稱爲生。只是生命之理的表現，則有程度高低不同。這一點，可以幫助我們了解天主教思想的進化論。

三、實體

西洋傳統哲學討論「有」以後，討論「實體」（Substance）。討論的方法，仍舊是抽象觀念的討論。實體就是「有」和「在」所結成的體，獨立存在，不依附在另一體上，所以是一個單體。西洋傳統哲學把實體和單體分開，就如「人」和「這個人」兩個觀念是分開的。當代西洋哲學大都認爲「實體」爲一個空虛的觀念，實際存在的祇是一個單體。事情確實是這樣的；可是我們人的本體，由心物相結合而成，理智的活動要通過感官，理智不能直接達到外面的客體，理智和外面客體的接觸要通過感官，所以人所有的知識都由感官而來。但是人的知識不限於感官的知覺，理智由知覺推論知覺所有對象的理由，即是知覺的對象互相有的關係。這種關係不僅是康德所說先天範疇的歸屬關係，尤其是因果關係。自然科學所講的，也是這種關係。哲學則追求關係中最基本的關係，也追求關係的基本主體。最基本的主體爲「有」和「有」在「存在」時的「實體」。

人的理智既不能直接達到外面客體，需要實體的替身，以便直接接觸。再者，外面的客體限制在時間空間以內，不能常在感官跟前，因此也需要一種替身，能夠不經過感官而常在理智跟前，這種實體的替身，就是「觀念」。「觀念」是理智由感官的知覺而造成的，所有的成素都來自感官的知覺；這些成素實際上存在具體的單體內，不是理智憑空揑造的。「實體」觀念因此不是空虛的觀念，有實在的內容。「人」是一個實體，獨立存在，有自己的成素，即「理性的動物」或「有倫理的生物」。

具體的單體，除實體的成素外，還有單體的成素，單體的成素，使實體成爲單體。單體的成素附加在實體上，稱爲附加體或附體（Accidence），附體不能獨立存在，須要依附一個實體。在中國哲學裏乃有「體用」的問題。

1. 實體的意義

甲、實體的稱呼

A 物

中國古書，普通稱宇宙的一切東西爲萬物，每一件東西，則稱爲物。

易經上說：「天地絪縕，萬物化醇。」（易 繫辭下 第五）

「大哉乾元，萬物資始。」（乾 彖）

「至哉坤元，萬物資生。」（坤 彖）

「天地交而萬物通。」（泰 彖）

宋明理學家也是這一樣的說法：

「乾道成男，坤道成女，二氣交感，生化萬物。」（周子 太極圖說）

「易大傳所謂物，張子所論物，皆指萬物而言。但其所以爲此物者，皆陰陽之聚散耳。」（朱子 答程允夫 朱子大全 卷四十一）

但是張子和周子，有時把「物」和「神」相對，物不是神，物以外有神。

「動而無靜，靜而無動，物也；動而無動，靜而無靜，神也。」（周子 通書 動靜）

「利者爲神，滯者爲物。」(張子 正蒙)

那麼，物便不能包括一切的實體了，朱子不信鬼神，但他卻也不敢完全否認鬼神的存在。他說：「鬼神之理，聖人蓋難能之。謂眞有一物，固不可；謂非有一物，亦不可。」(答董叔重) 朱子在這裏用物字，是用物字代表實有體，即物字的普通意義。

因此「物」字，在中國古書上，雖尚有別的意義(參看辭源)，但在哲學上，普通用爲代表一切實有體，鬼神也可稱爲物，就是說實在有的東西。若用爲與神相對，則指物質體了，和精神體有分別。

佛教稱物爲「法」，常說萬法皆空。法以外，佛教又談「衆生」，衆生是指有生物。此外，佛典又用「色」字，爲指有形色之物。但是「法」字佛教經典還有方法或理論的意義，例如心法，心所法。佛教華嚴宗，更分「理法界」和「事法界」，理法界爲眞如本體，事法界爲萬法現象。理學家在這方面，完全沒有採用佛教的名詞。

B　實

實字，用之於名學，爲指「名」的對象。荀子說：

「名也者，所以期累實也。」(正名篇)

「名聞而實喻，名之用也。」(同上)

「制名以指實。」(同上)。

人怎樣制名呢？第一是靠感官和心，荀子以感官和心的對象爲物，因此實和物，同指一客體。荀子說：「凡同類情同者，其天官之意物也同。」（正名）「天官意物」卽是說「認識官能」認識自己的對象。

理學家周子的通書裏，用着「實」字。

「二氣五行，化生萬物。五殊二實，二本則一，是萬爲一。一實萬分，萬一各正，小大有定。」（通書　理性命第二十二）

朱子註釋說：「此言命也，二氣五行，天之所以賦受萬物而生之者也。自其末以緣本，則五行之界，本二氣之實。二氣之實，又本一理之極，是合萬物而言之，爲一太極而已也。自其本而之末，則一理之實，而萬物分之以爲體，故萬物之中，各有一太極，而小大之物，莫不各有一定之分也。」在語類裏則明明說：「實是實理。」周子究竟是否以實爲實理，很可成爲問題？朱子講理氣，周子並不講理氣。註釋所說：「則五行之異，本二氣之實」，更不合周子的原文。周子所說「五殊二實」，是說：五行彼此有異，二氣則同爲一實；因此：「一實萬分，萬一各正。」周子的實，該是指着本體，陰陽二氣的本體爲一，「二本則一」，實字有似乎華嚴宗所說的「理法界」。本體稱爲實，卽因爲本體有自己的實理。

C　實體的實在性

周子朱子注意物體之實，第一是以實體不是虛無，第二是以實體爲一完全之本體。

萬物不是虛無，乃是儒家一致的意見，朱子解釋周子所說：「無極而太極」，答覆陸子美說：「殊不知不言無極，則太極同於一物，而不足爲萬化之根。不言太極，則無極淪於空寂，而不能萬化之根。」（晦庵答陸子美書）

萬化之根，既不能是空寂，則萬化（萬物）也不能是空寂。

萬物不單不是空虛，而且每物都是一完全之本體；因爲每物都有一物所以爲一物的一切理由，因此朱子說，萬物各有一太極。

朱子所謂太極，乃是理之極至，卽是理之最完全點，既沒有缺，更不能再加添。每一物都有一太極，則是每一物，都有一完全之理。

「太極之義，正謂理之極致耳。有是理，卽有是物，無先後次序之可言。」（晦庵答程可久書）

每物有一太極，似乎和士林哲學所謂 One ens est perfectum，有些相同，不過理學家以天地萬物同一理同一氣，對於萬物的個性，便不容易講了。

「問一理之實，而萬物分之以為體，故萬物各具一太極。如此說，則太極有分裂否？曰：本只是一太極，而萬物各有稟受，又自各具一太極爾，如月在天，只一而已，及散在江湖，則隨處而見，不可謂月分也。」（朱子語類）

朱子說這個比喻，很像佛教的理論。佛教只說一眞如，眞如在萬物，萬物所得，爲同一眞如；眞如因此爲有，萬物爲空。朱子雖不說萬物爲空，但是假使萬物同理同氣，萬物又有甚麼分別呢？不過理學家又說「理一而殊」，合天地萬物而言，只是一理；萬物分開來說，又各有各自的理。關於這一點，我們下面再要討論。

乙、實體的分類

宇宙萬物，究竟有若干類呢？這裏當然不是談宇宙萬物的各色種類，這問題誰也不能答覆。但是只就「物」的分類說，士林哲學對實體的分類，說得很淸楚。中國理學家沒有正式談過這個問題，只是間接地提到。

A 天地人物和鬼神

古代儒家分別萬有爲天、地、人、物、鬼神，五類。天地人，在儒家的傳統裏稱爲三才（易經、繫辭下傳第十章）。人物相對稱，在古書裏也常見。普通稱萬物時，常包含着人，例如易經所說：「萬物資始。」「萬物資生。」但有許多時候，萬物並不包含人，人與萬物相分離，朱子說：

「天地以生物為心者也。而人物之生，又各得乎天地之心以為心者也。」（朱子仁說　朱子大全卷六十七）

在這裏朱子明明分出天地人物四者。至於鬼神，朱子不承認爲實體，因爲他以鬼神，爲氣的兩種狀態，神爲伸，鬼爲屈。可是古人的書裏，則確實以鬼神爲實體。連周濂溪的太極圖說，也引用易經的話，「故聖人與天地合其德，……與鬼神合其吉凶。」

天地兩個實體，究竟是甚麼？天地兩字的意義很多，我們現在僅就儒家的本體論方面去看，天地第一是指着上面蒼蒼的天和下面塊然的大地。朱子說：

「天地初開，只是陰陽之氣。這一個氣運行，磨來磨去，磨得急了，便挼去許多滓渣。裏面無處出，便結成個地在中央。氣之清者便為天，為日月，為星辰。」（朱子語類　卷一）

天地的另一種意義，是代表乾坤陽陰。天代表乾陽，地代表坤陰。這個思想，是易經的思想。朱子說：

「天地形而下者，乾坤形而上者。天地，乾坤之形殼；乾坤，天地之性情。」（朱子　太極圖說解）

天地的另一種意義，是代表天道地道，天地之道，不僅僅指着乾陽和坤陰。中庸上說：

「天地之道，博也，厚也，高也，明也，悠也，久也。」(中庸 第二十六章)

「博厚配地，高明配天，悠久無疆。」(同上)

易經常講天道地道，因爲常講乾坤。易經不但以天道地道人道爲三才，也把人和物相分，而且又說鬼神。

「有天地，然後有萬物，有萬物，然後有男女；有男女然後有夫婦。」(序卦傳下篇)

「是以明於天之道，而察於民之故，是興神物以前民用，聖以此齋戒以神明其德夫。」(繫辭上 第十一)

B 有靈物無靈物

理學家不但像以前的儒家，把人和物相分，人爲有靈，物爲無靈；並且在無靈物中，又分爲有知覺，有生命，和塊然無生命表現之物。因此萬物的分類，按着品級，可分爲四大類：有靈的人，有知覺的動物，有生命的草木，塊然的頑石。王陽明講「一體之仁」時，就提出這種分類。

「是故見孺子之入井，而必有怵惕惻隱之心焉，是其仁與孺子而為一體也。孺子猶同類者也，見鳥獸之哀鳴觳觫，而必有不忍之心焉，是其仁之與禽獸而為一體也。鳥獸猶有知覺者也，見草木之摧折，而必有憐憫之心焉，是其仁之與草木同體者也。見瓦石之毀壞，而必有顧惜之心焉，是其仁之與瓦石而為一體也。」（王陽明全書　卷二十六　大學問）

列子書中，另有一種分類：列子分別自生自化和有生有化。有生有化者，生於自生自化者，自生自化者則不生不化。（天瑞篇）理學家中沒有用這種分類。

2. 體用

中國哲學爲表示實體和附體，常用「體用」兩個名字，體爲實體，用爲附體。但是在使用「體用」兩名詞時，又不限於代表實體和附體，很多時候用兩者都代表附體，而是表主從關係，主爲體，從爲用；例如手動，手爲體，動爲用。

李二曲集卷十六，有與顧亭林反復討論體用名詞的來源，李二曲主張體用連用以解釋經傳，始於朱熹，兩詞的來源可以溯到易傳，易傳有「剛柔有體」（繫辭下 第六章）周易本義註說：「諸卦剛柔之體，皆以乾坤合德而成。」用字在易傳中則相當多，「精義入神，以致用也。」（繫辭下 第五章）「顯諸仁，藏諸用。」（繫辭上 第五章）「是興神物以前民用。」（繫辭上 第十一章）顧亭林則說體用合用，在東漢道教的參同契書中開始，參同契以爲體內用外。佛教經典中，也多有體用的名詞，北禪的神秀就主張體用相卽。

宋明理學家則討論了這兩個名詞的意義，朱熹和王陽明都有所說明。

「問道之體用？曰：假如耳便是體，聽便是用；目是體，見是用。」（朱子語類 卷一）

「問：未發之前，心性之別？曰：心有體用；未發之前，是心之體，已發之際，是心之用。」（朱子語類 卷五）

「性是體，情是用。」（朱子語類 卷五）

「以心之德而專言之，則未發是體，已發是用，以愛之理而偏言之，則仁便是體，惻隱是用。」（朱子語類卷 二十）

「水是體，波浪是用。」（朱子語類 卷六）

「問：前夜說體用無定所，是隨處說如此，若合萬事爲一大體用，則如何？

曰：體用也定。見在底，便是體，後來生的便是用。此是體，動作處便是用。天是體，萬物資始處便是用。地是體，萬物資生處便是用。就陽言，陽是體，陰是用；就陰言，則陰是體，陽是用。」(朱子語類 卷六)

朱熹以體用沒有一定的客體，「見在底，便是體，後來生的，便是用」，這是他的原則。錢穆解釋朱熹的思想說：「體非空虛，亦非實有一物爲體，體只卽用而見。」❶又說：「體用兩名詞，可以相互對用，非別有一所謂體者超然獨立於用外而存在。」❷

王陽明注重他的良知說，討論良知是體或是用，他說：

王陽明注重他的良知說，討論良知是體或是用，他說：

「知是心之本體」。(陽明全書 卷一 頁二五)

「這心的本體，原只是個天理，原非無體，這個便是汝之真己，這個真己是軀殼的主宰。……汝若真為那個軀殼的己，必須用着這個真己，便須常常保守着這個真己的本體。」(陽明全書 傳習錄 卷二八)

「目無體，以萬物之色為體；耳無體，以萬物之聲為體；鼻無體，以萬物之臭為體；口無體，以萬物之味為體；心無體，以天地萬物感應之是非為體。」(陽明全書 卷三 頁一四)

王陽明以良知爲體，良知是理，理便是體，所以說：「這心的本體，原只是個天理」，天理是性，朱熹說未發是體，也是以性爲體，但是後來朱熹改了思想，以爲已發和未發都是心。

體用的意義，在中國哲學裏，並不代表西洋哲學的實體和附體，而且意義可以隨處而不同。但是在不同意義之中，則有一相同點，則是「體用合一」，體就是用，用就是體，只是觀點不同。因爲體是隱藏不可見聞，只能由用而顯。人們對一物所知道的，是物的用，用由體而發，用就代表體。孟子和荀子主張性善性惡，都由心去講；後來理學家以心之動爲情，便由情講善惡。但是孟荀並沒有以性和心同一，宋明理學家也沒有以心和情同一，所以體用還是互有分別。佛教本來以萬法爲空，所謂體用性相都不是實，實相只有眞如，其餘一切相通相入，當然便體用不分。熊十力在新唯識論詳細討論了體用問題，堅持體用同一，熊十力說：「治哲學者，須於根本處，有正確了解始得。……哲學上的根本問題，就是本體與現象，此在新論，卽名之爲體用。體者，具云本體；用者，作用或功用之省稱。……本體現起作用，此語須善會，不可妄計爲二。哲學家往往誤計本體是起脫於現象界之上，或隱於現象界之背後，而爲現象界作根源。此乃根本迷謬。新論談體用，正救此失。體，是無方所，無形象，而實備萬理，含萬善，具有無限的可能。是一眞無待，故詑不易。用者，言乎本體之流行，就夫本體之發現。因爲本體是空寂而剛健，故恆生生不已，化化不停，卽此生生化化，說爲流行，亦名作用或功用。……體與用，本不二，而究有分，義亦猶是。……其於體用之本不二而究有分，雖分而仍不二者，從來哲學家於此終無正解，此新論所由作。」❸

熊十力所說的體，實際就是佛敎的絕對實相，眞如，所說的用，就是宇宙萬物。他用佛敎所用的譬喩，譬喩海水爲體，海波爲用，海波和海水爲一，熊十力雖不主張萬物爲空，然若以萬物比爲海波，萬物便只是實相眞如的表現形式。儒家主張一切爲實有，以萬有都是實體，附體則是實體的表現，體用乃同爲一。但熊十力又說明體和用的意義不相同，究竟兩者仍舊有分別。他所說的分別，是觀念上的分別，在具體的實體上則同一。例如手動，手和動是兩個觀念，意義不相同，在具體的實體上，則同一。

西洋傳統哲學的本體和附體，和中國哲學的體和用，含義不完全相同，中國哲學的用，意義爲作用或功用，是一種動詞，動詞一定要和主體同一。西洋哲學的附體，則指「存在」的一切具體成素，包括有名詞，形容詞，動詞，就如手足眼睛，紅色，高大，行動。手足和眼睛是我的附體，然而不能說手足是我，眼睛是我，卻只能說我的手足，我的眼睛；實體和附體便不同一了。

3. 實體的成素

西洋傳統哲學在宇宙論講萬物，以「物」由元形（Form）和元質（Matter）所結成。

例如建築樓房，有樓房的建築圖樣，有樓房的建築材料。元形和元質都只是抽象的觀念，由理論方面研究「物」的成素，進而研究成素間的關係。而且只是宇宙間有物質性的物，而不包括精神性的實體；因爲精神體沒有元質，只有元形。

中國哲學講宇宙萬物，不分精神體和物質體，以萬有等於萬物，物就是有，所以在形上學本體論講實體的成素，實體的成素爲理和氣。對於理和氣，儒家都分爲二；但是理和氣是不是平行相對待，則主張不同。一般來說，儒家主張理包含在氣中，卽氣中有理，理和氣不平行，朱熹則主張理和氣不平行，理不包在氣中；所以稱爲理氣二元論，普通所說理包在氣中爲氣一元論。

朱熹的理氣二元論，就實體而論物的成素，以理成物性，氣成物形。一般的氣一元論，則就宇宙整體而論宇宙的成素，宇宙整體爲一變易，宇宙的成素也就是宇宙變易的成素，所以在講宇宙變易時，講氣和理。朱熹就實體之物而論物的成素，以物有性和形，則性和形在講實體時予以說明。

甲、性

易經繫辭裏有兩處很重要的文據：

「一陰一陽之謂道，繼之者善也，成之者性也。」（繫辭上 第五章）

「成性存存，道義之門」。（繫辭上　第七章）

說卦傳又有一文據：

「觀變於陰陽而立卦，發揮於剛柔而生爻，和順於道德而生義，窮理盡性以至於命。」（說卦　第一章）

性之成，由於陰陽之變。性的意義和功用，在於「道義之門」，性既成了，便常存。性由陰陽所成，陰陽由天地代表，「天地設位，而易行乎其中矣」。天地的變易，常有一定的次序原則，天地各有自己的地位。各守各自的地位，便是道義的門，性由陰陽天地變化所成，變化有一定的次序原則，性內便也有次序原則；人性的次序原則，就是道義。

我們研究易經，易經以卦爲主題，卦代表宇宙的變，變由陰陽所成，「觀變於陰陽而立卦。」卦的變由爻作代表，又是陰爻陽爻，陰陽的變由剛柔而造成，「發揮於剛柔而生爻。」變化有它的意義，變化的意義在於顯示變化的原則次序，變化的原則次序就是道德，「和順於道德而生義。」根據變化的原則可以追究變化的理而知道「性」，由「性」一直追究到命。易經的命是禍福，禍福由於順於變化的原則次序或不順於變化的原則次序而來，可以由卦去推測。孟子所講的性命之命，則是才能。才能的大小高低也是命，人性來自天命，才能也來自天命。

儒家講性，常講人性，以人性爲理，所以說理成性，這一點留在下一章研究。物形則由氣而成，氣而且是一切實體物的成素；不論物質性的物，或精神性之神，都由氣而成，雖說神無形無方。因此，氣不能說是物質性的，或至少應說氣分清濁，濁氣爲物質性，清氣爲精神性。只是中國哲學常不用西洋哲學的對立二分式，而是用漸進的階梯式，精神和物質不對立而分，而是由物質漸進於精神。

乙、形

形字用之於本體論，意義究竟如何，這是我們於今所要研究的。

儒家在本體論，對於「形」字的意義，可以從五方面去看：一、形而上形而下。二、天下之物，以形相生。三、理有氣而能有安頓處。四、有形而後性有善惡。五、神無形無方。

A　形而上形而下的問題

易繫辭提出來的：「形而上者謂之道，形而下者謂之器。」（繫辭上　第十二）張載解釋說：「形而上，是無形體者；故形以上者謂之道。形而下，是有形體者也；故形以下謂之器。」（易說下，張子全書卷十一）戴東原註解說：「氣化之於品物，則形而上下之分別也。形乃品物之謂，非氣化之謂。……易形而上者謂之道，形而下者謂之器，……形謂已成形質。形而上猶曰形以前；形而下，猶曰形以後。」（孟子字義疏證）那麼形而上形而下的形字，意義是「形體」「形質」，但既說形而下謂之器，形字也有「形器」的意義。

B　天下之物，以形相生

莊子知北遊篇說：「夫昭昭生於冥冥，有倫生於無形，精神生於道，形本於精，而萬物以形相生。」天下萬物，有形然後纔算眞正是生了，眞正是有。張載說：「氣之虛，則湛本無形。感而生，則聚有象。」（正蒙　太和）司馬光說：「萬物皆祖於虛，生於氣，氣以成體，體以受性。……人之生本於虛，虛然後形，形然後性，性然後動。」（潛虛）這種思想，是儒家一元論的主張，由虛氣而凝聚成形，成形然後有性。這種「形」卽「形象」「形體」。

C　理有氣，而能有安頓處

朱子主張理氣二元，理氣無先後。在理論上說，朱子以理先於氣，但是理若沒有氣，則沒有安頓處，不能成一物體。「理無先後之可言；然也推其所從來，則須說先有是理。然理又非別爲一物，卽存乎是氣之中。無是氣，則理亦無掛搭處。」（朱子語類）所謂理與氣，決是二物，但在物上看，則二物渾淪，不可分開各在一處；然不害二物之各爲一物也。若在理上看，則雖未有物，而已有物之理，然亦但有其理而已，未嘗實有是物也。」（朱子答劉叔文）朱子以氣成形，理應有形然後纔成一實體之物，理是抽象之性，氣是具體之形，一物之「具體個性」，由形而有。

D 有形而後性有善惡

朱子講人性的善惡，以善惡之分來自氣，氣卽是形。張子以人性的善惡由於氣的凝聚，氣凝聚而成形。因此兩家的主張，都以人性惡來自「形」，張子朱子不明明說「形」，只說氣質。形的意義，便等於「氣質」。

E 神無形無方

道家常說「道」無形無象。理學家周濂溪以無極而太極，朱子解釋的太極無方形狀，張載以太虛無形，無形則神。並且說明神在於無形：「大順不化，不見其跡，莫知其然之爲神。」(通書，順化篇) 神無形，形字是「形跡」。

總觀以上五點所說，形字在本體論上，有「形體」「形質」「形器」「形象」「形跡」「具體」等意義。

上面我們只就「形」的字義，研究在本體論上，形字的意義，於今我們要研究一下，「形」在一個實體裏，究竟指的甚麼？

「形」在一實體裏，指着實體的具體化。物性是抽象的理，理與氣相合，纔成一個實體，實體的實在具體，來自氣；氣是成物形；因此物形，便是一物的實在具體，每一物，都是由性和形而成。

(A) 形爲質

一個物的實在具體，最要的是質，質是物的本質，有似於士林哲學的 Substance，王夫之說：

「物生而形形焉。形者，質也。形生，而象象焉，象者文也。形則必成象矣，象者，象其形也。……視之則形也，察之則文也。所以質以視章，而文由察著，未之察者，弗見焉耳。」

「請觀之物。白馬之異於人，非但馬之異於人也，亦白馬之異於白人也，卽白雪與白玉也。疏而視之，雪玉異而白同，密而察之，白雪之白，白玉之白，其亦異矣。人之與馬，雪之與玉，異之質也，其白則異以文也。故統於一白，而馬之白必馬，而人之白必人，玉之白必玉，雪之白必雪。從白類而馬之，從馬類而白之，既已為馬，又且為之白，而後成乎其為白馬。故文質不可不分，而弗俟合也，則亦無可偏為損益矣。」（尚書引文　卷六）

王夫之以形爲質，以象爲文。質爲實體，文爲附加。質爲物的本質，象爲物的文飾，然而質並不是物性；因爲質可由目視，他舉白馬白人爲例。馬和人稱爲質，白則爲文。人的本質指的甚麼？戴東原說：「形謂已成形質。」理在沒有和氣結合以前，只是抽象的物性。形謂已成形質，則質是已成的具體。具體的人，第一有人心，第二有人體。人心統性情，卽是兼有理氣。人體是人之器，由氣而結成。

(B) 形爲氣

理學家解釋易經的形而上形而下，常注重在一器字。張載說：

「形而上，是無形體者也，故形以上者謂之道也。形而下，是有形體者，故形以下者謂之器。無形跡者，卽道也，如大德敦化。有形跡者，卽器也，見於實事，如禮義是也。」（張載 易說下）

張載以有形體者爲有形跡，有形跡者則謂之器。然而是不是可以倒過來說：凡是器，都有形跡呢？按着張子的思想去推論，應該是可以說：器者，有形跡者也。

朱子說：

「天地之間，有理有氣。理也者，形而上之道也，生物之本也。氣也者，形而下之器也，生物之其也。是以人物之生，必稟此理，然後有性；必稟此氣，然後有形。」（朱熹答黃道夫）

(C) 形爲象

易經常說「象」，理學家也多有說「象」的，朱子則不大講「象」字。

易經說：

「是故闔戶為之坤，闢戶為之乾，一闔一闢謂之變，往來不窮謂之通，見乃謂之象，形乃謂之器。」（易經　繫辭上　第十一）

張載說：

「凡可狀皆有也，凡有皆象也，凡象皆氣也。」（正蒙　乾稱）

王夫之說：

「形生而象象焉，象者文也。……視之則形也。」（尚書引文　卷六）

在講儒家的名學時，我曾解釋過「象」字。於今要問，形和象，研究有無分別？上面所引易經和王夫之的話，明明把形和象分成兩事。易經以象在形以先，王夫之以象在形以後。張子雖只說到狀和象，然而他的狀，相當於形，他也是以象在形以後。易經又說：「見乃謂之象」，王夫之說：「視之則形也，察之則象也。」視察雖然常用爲一個動詞，但是王夫子既然分形象爲兩事，察屬於象，視察兩字，便各有各的意義。不過視察兩字，都可用之於見，對於易經的話，並不完全相衝突。

形和象，在通常的用語，兩字可以互用，理學上也常這樣。但若互相分開，則意義有廣狹不同。易經多說象，少說形，象字的意義較形字廣，理學家多說形，少說象，形字的意義便較象字廣。因此，究其實，易經的象字，相當於理學家的形字；易經的形字，相當於理學家的象字。

象字既是狹義的形字，象字是指的形體。在上面我們說過，人的形，包含人心和人體。象字則是指的人體。

由上面所說的，我們可見物形所指的東西了。物形是指的東西的本質和物的形體。物形由氣而成，這是理學家一致的主張。氣則凝聚而成形。

註

❶ 錢穆　朱子新學案第一册，頁四三八。

❷ 同上 頁四三九。
❸ 熊十力 新唯識論卷中，頁八五、八六、八七、廣文書局。

四、精神體

1. 「神」的字義

神字不見於甲骨文，金石文中始有神字。中國文字學者，以神字的語根爲申字。「申」字在甲骨文中作 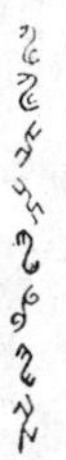。在金石文中，作 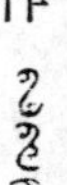。許氏說文謂：「申，神也。七月陰氣成體自申束，从臼自持也。吏以餔時聽事，申且政也。」徐灝說文解字註箋云：「虫部虹，籒文作 ，云从申。申，電也。古音電與申近，猶陳之古音讀若田。用申爲聲，其古文作 ，亦从申也。鐘鼎文多作 ，籒文，即從此變，小篆整齊之作申耳。」

神字在金石之作 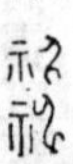。許氏說文說：「神，天神引出萬物者也，从示申。」申字爲象形字，「束身也。」❶在後代的文字裏，申字沒有束身的意思，只有禮書所說：「大夫而使，所以申信」（辭源）的意思。

但是按徐灝所說，申字和電字相近，電是氣流迅速。申字有流動迅速之意，因此申字神字都多能爲伸舒。示字「與祇字同，地之神曰示。」（辭源）神字「从示从申，天神也，人鬼之對稱。」（辭源）許氏說文乃以爲「天神引出萬物者也。」但是在中國詩書五經裏，從沒有見到天神引出萬物的思想，這大概是許愼爲解釋申字，牽強附會以神爲天神引出萬物者。實在的意義，神當是示中運動最迅速的。神，該是天神，不是人鬼，也不是地祇。

2. 儒家古代宗敎思想中的「神」

甲、儒家信有神

儒家的思想，爲中華民族的傳統思想。中華民族古代的宗敎思想，也卽是儒家的宗敎思想。

在四書五經和左傳裏，我們可以充分看出，中華民族當時信上帝以外，還信有神。舜典說：「肆類于上帝，禋於六宗，望于山川，徧于羣神。」湯誥說：「夏王滅德作威……爾萬方百姓，罹其凶害，弗忍荼毒，並告無辜于上下神祇。天神福善禍淫，降災於夏，以彰厥罪。」泰誓說：「觀政於商，惟受罔有悛心。乃夷居，弗事上帝神祇，遺厥先宗廟弗祀。」

詩經上卷阿：「爾土宇昄章……百神爾主矣。」瞻卭：「天何以刺？何神不富？……人之云亡，邦國殄瘁。」

禮記禮運篇說：「故聖人參於天地，並於鬼神，以政治也。」禮器篇說：「禮也者，合於天時，設於地財，順於鬼神，合於人心，理萬物者也。」

左傳所載的諸侯盟誓，凡有誓言，必呼神爲證誓。襄公十一年，鄭與諸侯盟于亳，盟誓說：「或閒玆命，司愼司盟，名山大川，羣神羣祀，先王先公，七姓十二國之祖，明神殛之。」僖公二十八年，王子虎盟諸侯於王庭：「有渝此盟，明神殛之。」

易經乾卦文言說：「夫大人者，與天地合其德，……與鬼神合其吉凶。」

我們不便再引別的例證，中國三代時，人民信有神，史書上有確實的證據，不容懷疑。後代儒家，如王充朱熹否認有鬼神；他們所否認的，不是天神地祇，乃是否認人的魂魄，在人死後可以成爲鬼神。

乙、神是誰

中國古人既信有神，我們再從經書裏去研究，看所信的神，指的是誰？不過，在這裏，我們不是講宗敎史，所以不去考訂中國古人所信的每個神；我們僅只說明，「神」在儒家宗敎思想裏，有甚麼意義。

A　上帝不稱爲神　古代稱至尊之神，爲帝爲天爲上帝爲皇天。但不稱爲神。神是指在天以下的神明。古代對於地，也不稱爲神，或稱地，或稱后土。從上面所引的經書文據中，即可看出。

B　百神　禮記祭法篇說：「山林川谷丘陵，能出雲爲風雨見怪物，皆曰神。有天下者祭百神。」這處的「神」，是指神明中沒有自己的本名，故以「神」字概括，稱爲百神，或稱羣神，或稱神明。

祭法篇在百神以上，數有天、地、時、寒暑、日、月、星、水旱、四方。天、地，在古書中從來不稱爲神，而且也不和神相混，其餘的時、日、月、星、水旱、四方，都可稱爲神。在書經裏，常用上下神祇來概括。泰誓責備紂王「弗事上帝神祇。」湯誥上也曾責備夏桀作惡，湯王「並告無辜于上下神祇。」

因此百神，除有本名之神以外，凡是山川林谷，能出風雲雨怪者，都稱爲神，從這一句話裏，我們雖不能夠有「神」字的定義，但可以明瞭神字的大意。按照中國古人的思想，神必是具有靈怪的能力；而且這些靈怪的能力，不是人所可以具有的。因此神並不是人。「所謂神者，不學而知；所謂聖者，須學以聖。以聖人學，知其非神。」（王充　論衡）

「神」在古書裏，常和「神明」通用。後來也稱「神靈」。明和靈都表示神的特性。

C　天神　神雖用爲指百神，但經書裏，多次特用爲指天上的神靈，神字和祇字相對；所以說「天神地祇」；或說「上下神祇」。

天神究竟又指那幾類神靈呢？這不是一兩句可以答覆的。若是拿書經和禮記互相對照，天神該是舜典的六宗。舜典說：「肆類於上帝，禋於六宗。」注則引禮記祭法，注云：「宗尊也，所尊祭者，其祀有六。祭法曰：埋少宰於泰昭，祭時也。祖迎於坎壇，祭寒暑也。王宮，祭日也。夜明，祭月也，幽宗，祭星也。雩宗祭水旱也。」六宗卽是時、寒暑、日、月、星、水旱。

D 祖宗的魂也稱爲神　書經不稱祖宗的魂爲神，詩經中則有這種稱呼。

「先祖是皇，神保是饗。」（小雅 楚茨）

「惠于宗公，神罔時怨，神罔時恫。」（大雅 思齊）

論語上孔子也說：「祭如在，祭神如神在。」（八佾）禮記講祭祖時，也常用神字代替祖宗之魂。

「鋪筵設同几，爲依神也。詔祝於室而出于祊，此交神明之道也。」（祭統）

鬼神兩字聯用時，則專用爲指人死後的魂。人活着時，陽爲魂，陰爲魄。死後，魄爲鬼，魂爲神。但是普通說鬼神，則專指人死後尚活着的魂，因此祭祖時，謂爲祭神。

3. 儒家哲學思想中的「神」

儒家哲學思想中的「神」字，是我們這篇文章的研究對象。對於這個問題，講中國哲學的人，都不注意；這是因爲中國近代研究哲學的人，多少受了唯物主義的毒，把物質體和精神體不大加以區別，或是把這種區別，看作沒有重大的價值。爲我們主張物質精神區劃嚴明的人，對於儒家哲學思想的「神」字，則該有深刻的認識。但是這個問題的本身，有很多暗昧之點，因爲先儒後儒對於「神」字都沒有詳細加以解釋，偶而談到，又彼此互有衝突。我只在大綱方面着手，把神字的意義，條理出來。

甲、神為名詞，指一精神體

上面儒家宗敎思想裏的神字，指着所信的神靈，神靈爲一實體，則神字指一精神體，這是理所當然之結論。

於今我們從哲學方面去看，看儒學家是否用「神」字爲指一精神實體。易經中庸可說是儒家形上學的基礎。易經和中庸裏的「神」字，不常是名詞，多次是形容詞，有時是動詞，但有時是名詞，是指着精神實體。

易經上說：「子曰：知變化之道者，其知神之所爲乎。」（繫辭上 第九）朱子註說：「變化之道，卽上文數法是也。皆非人之所能爲，故夫子嘆之。而門人加子曰以別上文也。」

楊時易藁說：「變化者，其神之所爲乎！無象無形，則神所爲隱矣。」又云：「變化者，神之所爲也，其所以變化，孰從而見之？因其成象於天，成形於地，然後變化可得而見焉。」

這處的神字，明明是一名詞，指着一精神實體。

中庸第十六章論鬼神之特性，謂「視之而弗見，聽之而弗聞，體物而不可遺。」朱子在註上說鬼神爲二氣之良能，實際上中庸所說的鬼神，是一名詞，指着實有的精神體。

漢儒王充，是一個最反對魂魄變爲鬼神的學者，他卻說：「夫賢者，道德智能之號。神者，渺茫恍惚無形之實。實異，質不得同。實鈞，效不得殊。聖神號不同；故曰聖者不神，神者不聖。」（論衡）

王充論神的一句話，可謂說得很好，「神者，渺茫恍惚無形之實。」中國古人所說的神，爲一實體，然而渺茫恍惚，無形可見。

乙 神為形容詞

易經書裏的「神」字，和理學家的「神」字，多次是指形容詞，形容各種神妙莫測的特性。

A 形容動作的迅速靈妙

「惟神也，不疾而速，不行而至。」（易 繫辭上 第十）

「易，無思也，無為也，寂然不動，感而遂通天下之故，非天下之至神，其孰能與於此！」（同上）

「神也者，妙萬物為言者也。」（易 說卦傳）

神，形容一種實體的動作，靈妙迅速，無形跡可見似乎沒有動作而效率則很高。

B 形容變化莫測

「陰陽不測之謂神。」(易 繫辭上 第五)

「大順大化，不見其迹，莫知其然之謂神。」(周子 通書 順化)

「神，德行者，寂然不動，冥會於萬化之感，而莫知為之者。」(張子 橫渠語錄)

「惟神，故能變化，以其一天下之動也。」(張子 易說下)

「神，天德；化，天道。德其體，道其用，一於氣而已矣。」(張子 正蒙 神化)

易經的神字，用爲形容詞時，或爲形容一種變化靈妙的天德。天德，卽一種天然的能力。或爲形容一種變化的靈妙，使人莫知其所以然。

C 形容知識的高明

「知幾其神矣！幾者動之微，吉之先見者也。」(易 繫辭下 第五)

「無知者，以其無不知也。……無知則神矣，苟能如此，則於神為近。無知者，以其術素備也。」(張子 易說下)

「陰陽不測，之謂神。」孔穎達疏義說：「神者，微妙玄通，不可測量，故能知鬼神之情狀，與天地相似，知周萬物，樂天知命。」

神者，變化莫測，在於隨處都通。知識，爲通達的一種。因此神者，知識通達，「微妙玄通。」

D　形容無形無跡

「神無方而易無體。」（易　繫辭上　第四）

「發微不可見，充周不可窮之謂神。」（周子　通書　誠幾德）

變化的靈妙，特別是在於無形跡，因此一切無形無跡而只見功效的動作變化，都可稱爲神化，神能，這種稱呼，在莊子的書裏，尤其常見，如說：「至人無已……神人無功，聖人無名……至人神矣……」（莊子　逍遙遊）

丙、神為動詞

中文文法，一個共通的名詞，不一定常可用爲形容詞，但作爲動詞用，幾乎都可以。一個名詞用爲動詞時，普通是爲表示與原來名詞相合的動作，例如以衣衣之，以斧斧之。神字用爲動詞，古書雖少見，不是絕對沒有。但把「神」字專用爲動字，且把原來名詞的意義消滅的，則是朱熹。

朱熹說：

「神，伸也；鬼，屈也。」又說：「鬼神不過陰陽消長而已。……何物無鬼神。」（朱子語類　卷三）又說：「故凡氣之來而方伸者爲神，氣之往而既屈者爲鬼。陽主伸，陰主屈。」（朱子語類　卷三）

朱熹反對有鬼神，因此想把古書上所有的鬼神，解釋爲氣的兩種作用，或爲作用後的兩種狀態；鬼爲屈，陽爲伸，這有點像西洋的唯心論派的哲學家，把世界的一切實體，都看爲人主觀的心理動作，但是朱子以神，爲氣的客觀動作。

4. 精神體

然上面的三段裏，我們可以懂得「神」字在儒家的思想裏，所有的意義，然而上面所說的，只是一種普通的考據工夫，不是哲學上的問題，於今我們要從上面所說的神字意義，討論儒家哲學思想裏「神」的問題。

甲、儒家承認有精神實體

上面我們說過，在經傳裏「神」字有時是名詞，指着精神體。這種精神體，不是人主觀心理所虛構，乃是客觀的實有體。

「精神」的名詞，五經和四書裏沒有。這個名詞，是道家的名詞，道家用這個名詞的，是莊子。莊子對於人，分形骸和精神。「精神生於道，形本於精。」（知北遊）「把神以靜，形將自正。」（在宥篇）我們於今用這個名詞，是取現代哲學上所用精神體的意義。精神體，爲非物質的實體。我們不用神體，因爲神體，普通用爲指神靈；精神體則除神靈外，尚包含他種非物質體。

儒家既承認有精神體，精神體是什麼實體呢？

A 神靈爲精神體

中國古人信有神，即天神地祇，神祇，都是像王充所說：「渺茫恍惚無形之實。」在神祇以上，中國古人常信有皇天上帝。天，帝雖不稱爲神；天，或帝，爲一精神實體，那是當然的事。天或帝，在神祇以上，豈能不如神祇？

「昊天孔昭。」（詩經 抑）「明昭上帝。」（詩經 臣工）「藐藐昊天，無不克鞏。」（詩經 瞻卬）

註云：「惟天高遠，雖若無意於物，然其功用，神明不測，雖喪亂之值，亦無不鞏固之者。」

這些稱讚天的話，都表示中國古人心目中的天，爲一至高至大的精神體，不着形跡。

B 鬼神爲精神體

在這篇文章裏，我們不正式討論鬼神存在的問題。我們知道王充和朱熹是明明反對鬼神存在的儒家學者，然而我們也知道詩經和禮記兩册書，是明明贊成有鬼神的，不承認有鬼神的儒者，可以不談；承認有鬼神的儒者，他們所信的鬼神，便是一種精神體。這種思想，可以由中庸的思想來作代表。

「鬼神之為德，其甚矣乎！視之而弗見，聽之而弗聞，體物而不可遺。使天下之人，齊明盛服，以承祭祀，洋洋乎如在其上，如在其左右。詩曰：神之格思，不可度思，矧可射思。」（中庸　第十六章）

在這段話裏，有詩經的思想，有孔子論語「祭如在」的思想；因此很可以代表儒家對於鬼神的觀念。

C　人心爲精神體

下面談儒家的心，我要說：「心爲清氣，爲非物質體。……心由氣之極清者而成，爲非物質體，對於這一點，大家沒有可爭論的。若是心爲物質體，則不能爲虛，自體是滿的。在所佔的空間以內，不容易一物體並存。人心則能兼藏千萬知識而不滿，便應說是非物質體。」❷

D　魂魄是否爲精神體

本文不直接談論魂魄是什麼。將來有機會，我想仔細談一談。就儒家一般的思想說，大致都承認在人以內有魂魄，而且也都以魂魄不是「心」。錢穆說：「魄是生理，魂是心理。」❸魄因此屬於身體，魂屬於心靈。朱熹也曾說：「氣曰魂，體曰魄。」（語類 卷三）照我看來，這種說法，在意義上是對，但不大正確。儒家的思想，以魂爲心理生活之根本，魄爲生理生活之根本。這樣說來，在實質上，魂可以與心相等。

朱熹說：「氣之清者爲魂，濁者爲質。知覺運動，陽爲之也；形體，陰之也。氣曰魂，體曰魄。」（語類卷三）按朱子所說，魂爲氣之清，魄爲氣之濁。濁爲物質性，魄便屬於物質性。清則爲非物質性，魂便爲非物質性。

E　易是否爲精神體

易經的易，可解爲變易，也可解爲簡易。變易和簡易不是一種實體。但易在易經的篇章裏，有時按文義上，應當是一實體的名詞。例如：

「夫易，聖人之所以極深而研幾也。唯深也，故能通天下之志。唯幾也，故能成天下之務。唯神也，故不疾而速，不行而達。子曰：易有聖人之道四焉者，此之謂也。」（繫辭上 第十）

「易，無思也，無為也，寂然而動，感而遂通天下之故，非天下之至神，其孰

能與於此！」（同上）

在上面兩段裏，易稱爲全神或神，易應當是一實體，而且這種實體，不是指的易書，或者可以說是指宇宙間的變化；但更好說是指宇宙變化之理。因此易不是一具體的實體。

F　誠是否爲精神體

中庸的誠字，現代講哲學的人，有人看爲一種實體，在外國學者的眼中，也有人認爲一個最高的精神實體❹。他們的根據，是中庸第二十五章。「誠者，自成也，而道自道也。誠者，物之終始不誠無物。」他們便解釋「誠」爲自有的實體，爲宇宙萬物的根源；「誠」卽是上帝，當然也是最高的精神體。況且中庸第二十六章又說：「故至誠無息，不息則久，久則微，微則悠遠。」更可以解爲上帝的悠久無疆，永遠常存。

但是按我的意見，中國儒家都以誠爲倫理上的一種善德；並不以爲本體上的一種實體。誠爲誠於自己的本性，按本性的明德去行事；卽後代王陽明所講的「致良知」。因此，不是一種精神實體。

乙、精神體的意義

精神體之神，按上面所列舉的種類，包括有上帝，神靈，鬼神，人心，人魂。把上面的五種再加以併合，可有上帝，神靈，人魂三種，因爲人心，鬼神，歸根是人魂。我們就這三種，加以研究。

A　精神體和物質體的區別

中國的哲學，無論是那一家，都沒有正式討論精神體和物質體的區別，但是附帶的在談論別的問題時，也談到這一點，宋代理學家對於神和物的區別，曾經有人說過話：

「動而無靜，靜而無動，物也。動而無動，靜而無靜，神也。動而無動，靜而無靜，非不動不靜也。」（周濂溪　通書　動靜）

朱子註說：「有形則滯於一偏，神則離於形，不囿於形矣。」神和物的區別，在於物有形，神則離於形。有形，物體的動靜偏於一而不能兼，有動則沒有靜，有靜就不能有動，動靜不能同時並存。神離於形，同時可以兼有動靜。

「散殊而可象為氣，清通而不可象為神。」（張載　正蒙　太和）

張子也以爲神和氣的分別，在於神不可象，氣可象。氣在這一處是指的普通之氣，卽凝聚成物之氣。因此神和物的區別標準，在於形象。

「太虛為清，清則無礙，無礙故神。反清為濁，濁則礙，礙則形。凡氣清則通，昏則壅，清極則神。」（張載　正蒙　太和）

張子再說明形象有無的理由，氣清則無形，氣濁則有形。氣濁是由於氣之凝聚，凝聚便固，固便壅塞；因此物質體不靈通。反之，神卻靈通極了。

神和物的區別，既然由有形或無形作標準，理學家便常以形而上者為神了。

「利者為神，滯者為物。是故風雷有象不速於心，心禦見聞，不弘於性。」（張載　正蒙　參兩）

「體不偏滯，乃可謂無方無體。偏滯於晝夜陰陽者，物也。若道則兼體而無累也。」（張載　正蒙　乾稱）

張子以性和道為神，因為性和道，不受形體的連累，這一點和易經以易為神相同。

B　精神的特性

從上面我們談論神字的意義所提出各點，我們已經看出精神體的各種特性。於今我們再簡單地把它們歸納起來。

精神體離於形體，沒有方位。

精神體的動作，靈通無礙，「大順大化，不見其跡。」

精神體動作的效力，「發微不可見，充周不可窮。」

精神體爲虛，能容物，又能體物無遺。

C 精神體由何而成

精神體由何而成？這是討論儒家精神體問題的焦點，也是儒家哲學上的一大難題。我們便分步而進。

按照理學家的主張，每一實體，由理和氣而成。理爲性，氣爲形器；宇宙間便沒有不由氣而成的實體了！鬼神也是由氣而成。但是有幾點應加以說明。

(a) 上帝或天，不是由氣而成　在五經和孔孟的書裏，上帝或天，常是不和天地萬物並列，上帝常是超出宇宙以上。我不贊成一些公教人把太極或道，看作公教的天主，理由也就在於太極和道，雖是宇宙之元，然而是和宇宙並列的。公教的天主，爲宇宙萬物之元，但是絕對超乎宇宙之上。儒家的上帝或天，則是超乎宇宙的。

荀子首倡制天的主張，把天拉下來和宇宙平行。董仲舒更把天和形天相混，混成他的天人合一論。宋朝理學家似乎把上帝或天都忘了，但是他們若提到經書中的帝或天，便說是天地宇宙的主宰。他們談萬物生於氣時，從來不說帝或上天是氣所成的。他們所謂萬物，不包括帝或上天，因為帝或上天，是在萬物以上。

「或問伊川說以主宰謂之帝，孰為之主宰？曰：自有主宰。蓋天是箇至剛至陽之物，自然如此運轉不息。所以如此，必有為之主宰者。」（朱子語類）

朱熹以天為天地，但是帝或主宰之天，並不是陽剛之天，乃是主宰天地者，是超乎天地之上。

儒家從來沒有討論帝或上天的本性；但是從書經和論語所說上帝的特性，我們可以推論出上帝是超乎物質的實體，不由氣而成。至於上帝的本體研究若何，古今的儒家都沒有講。

(b) 神靈由氣而成 書經詩經信有鬼神，但不講鬼神所自來。然古今儒家的思想，都以神靈在天地以下。書經講上下神祇，卽天神地祇。普通儒家也常說：天地鬼神，以鬼神在天地以下。

天地由氣而成，鬼神既在天地以下，更是由氣而成了。朱子說：

「易大傳所謂物，張子所論物，皆指萬物而言。但其所為此物者，皆陰陽之聚

散耳。故鬼神之德，體物而不可遺也。所謂氣散而為鬼神者，非是。」（答程允夫）

「神祇之氣，常屈伸而不已。人鬼之氣，則消散而無餘矣。」（朱子語類）

「氣外無神，神外無氣。」（二程遺書　十一）

朱子對於鬼神的解釋，有他自己的主張。他的主張，是以鬼神爲氣的兩種功用，一屏一伸，氣在天地間的屈伸，稱爲鬼神，在人以內的屈伸，稱爲魄魂，鬼神當然是由氣而成。

朱子的這種主張，不能代表全部儒家的思想；但是陰陽二氣結成天地，然後再結成萬物，這是儒家一貫的主張。陽氣之精，爲神；陰氣之精，爲鬼。鬼神由陰陽之精所成。後來所以用「精神」和「精神體」代表神的實體。

(c)　人心和人魂由氣而成　人心和人魂由氣而成，是理學家一般的主張。雖然陸象山和王陽明主張心卽理，不是直接拿理和氣相對，乃是拿理和情相對，陸王是主張心卽理，不包括形；但並不直接否認心由氣而成。張載則以心爲氣，朱熹以心包理氣。因此人心由氣而成。

人魂由氣而成，更是儒家一致的意見。

禮記：「子曰：氣也者，神之盛也，魄也者，鬼之盛也。」（祭義）

左傳子產說：「人生始化曰魄，既生魄，陽曰魂。」—(卷三十六)

我們在上面說過，魄是生理生活的根本，魂是心理生活的根本。生理生活屬於形骸，所以屬於物質；心理生活屬於心，因此屬於精神。

我們又以魂與心，所指的該是同一的對象。但是兩名直接所指的，爲兩種動作，魂指人的知覺運動，心指人的主宰。其實心和魂的本體，該同是一個，莊子說人有兩部份，即精神和形骸。儒家常說人心和形骸。儒家的心雖不完全同於莊子的精神；但是指人的精神部份。這一部份卽是心和魂的本體，也就稱爲心或魂，或者稱爲魂靈。

D 清氣是精神性或是物質性，儒家的精神體問題，最後歸結到「清氣」的問題上。神靈和魂靈都是由氣而成。這種氣，不是濁氣，而是淸氣。濁氣爲重，爲凝固，是屬於物質性的；這一點，大家都承認。至於淸氣是屬於物質性或屬於精神性，則不是片言立決的問題。

(a) 清氣爲虛爲靈，濁氣爲昏爲壅　上面曾引過張子的話：「太虛爲淸，淸則無礙，無礙故神。濁則礙，礙則形。凡氣淸則通，昏則壅，淸極則神。」

我們談儒家的心理學時，要講心的虛靈。虛靈決不是物質性的本體，所能有的。

(b) 清氣爲氣之精者秀者　氣分淸濁，淸氣較比濁氣爲高貴。高貴之點，在於氣之精。精字，表示具有一個特性或特長的最高點，或是表示在最小的容量裏，是有一種物體的全部特性。另一方面，精字也常帶著容量數量縮到最少限度的意思。所謂精者，便常有減少物質性的意思。

氣之精，則是氣之物質性最輕者，而又是有氣之最高度的特性。

張載說：「太虛爲清」，清氣爲太虛之氣。又說：「太虛無形，氣之本體。」太虛之氣，便是無形之氣。形字在這裏，是指的形象或形跡。太虛之氣，既然沒有形象或形跡，便該是不屬於物質的。

(c) 氣之清濁由凝聚而成　本體之氣，是還沒有凝聚之氣。所以稱爲太虛。朱子不承認有一具體的太虛之氣，成在萬物以先。凡是氣，都是和理相合的實體。但是朱子承認在一些實體以內有清氣。這種清氣，凝聚之性很淺，因此可以有虛靈的特性。

舉個譬喻來說：天地間有空氣，有雲，有雨，有冰雹。空氣沒有形跡可見，可以稱爲空虛。雲由空氣凝聚而成，但凝聚性不重，因此雲雖有形跡，但是變幻無常，人不能測，雨及由雲凝聚而成，雨的形象較比雲已經固定多了，但是雨水，還沒有固定的形像，冰雹由雨水凝聚而成，形像則是固定了。

空氣可以比配太虛之氣，雲也可以比配清氣，雨和冰則當比配濁氣。

(d) 清氣不足稱爲眞正的精神性　精神和物質的區別，該當是界線分明的。精神和物質的元素，不能相同。儒家的氣分清濁，清濁之氣同是一氣，只有凝聚的程度不等。凝聚的高下，又沒有分明的界線。因此清氣和濁氣，在本體上，並不完全不同。若是濁氣爲物質性，清氣怎麼能稱爲精神性呢？

但是從另一方面，清氣的特性，和物質物不相容；而且理學家中，有明明把神和物相對者，承認有精神物質之分。我們不能一口咬定清氣完全是精神。因此我們的結論：儒家承認有精神體，精神體由清氣而成；但是這個精神體的觀念，缺而不全，混而不清。儒家的精神體，按我們士林哲學說，不足以稱爲眞正的精神體。

結論

這篇文章，佔的篇幅已經太多了；但是當討論的問題，還是很多。在這裏，我於今簡單總結一下。

儒家的「神」字，相當於現代語的「神」，「精神體」，「精神性」。在這三個意義裏，都承認有精神體。

上帝，上天，不包括在神字以內，但是上帝或上天爲一精神實體，在一般的儒家，沒有界說。既然儒家不稱上帝爲神，便不主張上帝由氣而成；因此上帝的精神性，便不同於神靈和魂靈的精神性。上帝的精神性，可以和士林哲學的精神性相同。可惜古今儒家都沒有說明這一點，而且他們似乎也沒有士林哲學純粹精神體的觀念。

神靈由氣之精而成。氣之精爲氣之最清者，較比人魂人心之氣還更清。神靈沒有形骸，因此沒有形跡，也沒有死亡可說。

人的魂靈由清氣而成，魂靈和形骸相合，人爲活人；魂靈和形骸相離時，人便死亡。死亡以後，魂靈是否存在？朱子以爲只能暫時存在，古代的四書五經則暗示魂靈可以長存。但是我們若按儒家的形上學去推測，神靈和魂靈都在天地以內，天地由氣而成，天地則視爲可以長存的，神靈和魂靈也就可以和天地長存了。若是把儒家的這種觀念，按照士林哲學去評衡：天地由氣所成，天地不能長存：神靈和魂靈也是由氣所成，也就有分散的一日了。

註

❶ 顧實 中國文字學，商務，民十四年版，頁三九。

❷ 見本書第三章（心爲清氣）

❸ 錢穆 中國思想史，臺北，民四十三年版，頁四。

❹ 見 Couvreur 中庸法文譯本。

第二章　形上宇宙論

儒家的形上學和西洋傳統形上學不同之點，不僅是研究對象的方法不同，所研究的對象也不相同。西洋傳統形上學的研究對象爲「有」，「有」是一個抽象的觀念，觀念所代表的是一個實體，不是整體宇宙；所以形上學和宇宙論有分別。形上學研究一切實體的「本體」，本體屬於形而上；宇宙論研究物體，物體已是形而下，含有物質性。儒家的形上學由「在」研究「有」，「在」爲「生生」。「生生」在易經和理學家的思想裏，是以整體宇宙爲主體；整體宇宙爲一個生命，人和物則分有宇宙的生命。易經和理學家講論「生生」，主要是講宇宙的「生生」，然後講人的生命。但因人的生命爲最高最全的生命，儒家哲學又專講人生之道，儒家哲學的中心題目，乃是人的生命。人的生命爲宇宙生命的一部份，爲領悟人的生命，易經便特別講宇宙的生命，由宇宙的的生命而到人的生命。「昔者聖人之作易也，將以順性命之理，是以立天之道，曰陰與陽；立地之道，曰柔與剛；立人之道，曰仁與義，兼三才而兩之。故易六畫而成卦，分陰分陽，迭用柔剛，故易六位而成章，」（說卦　第二章）儒家的形上學，乃是形上宇宙論。當代西洋哲學家懷德海也稱自己的哲學爲形上宇宙論。

一、變　易

1. 變易的意義

孔穎達註易說：

「易者，變化之總名，改換之殊稱，自天地開闢，陰陽運行，寒暑迭來，日月更生，孚萌辟類，亭毒辟品，新新不停生生相續，莫非資變化之力，換代之功。謂之為易，卽變化之義」

宇宙生命的變化歷程，易經說：

「易有太極，是生兩儀，兩儀生四象，四象生八卦，八卦定吉凶，吉凶生大業。」(繫辭上　第十一章)

形上宇宙論，研究整體宇宙的「在」，「在」爲變易，形上宇宙論研究宇宙的變易。宇宙的變易在研究上有三點：一，變易的歷程；二，變化的原則；三，變化的原素。

變易的歷程，張載曾經說變易須有一個「一」爲起點，又須有個「二」爲變化要素，沒有「一」，變易不能開端，沒有「二」，變易不能成立。

「兩不立，則一不可見。一不可見，則兩之用息。兩體者：虛實也，動靜也，聚散也，清濁也，其實一也。」（正蒙 太和）

易經以「一」爲太極，「二」爲陽陰。宇宙的變易，由太極開端，由陰陽成立。四象和八卦，則是陰陽相結合的自然現象，按數理方式而變，朱熹註說：「此數言者，實聖人作易，自然之次第，不假絲毫智力而成者。」

戰國時候，五行的學說興起，漢易學者接受了這種思想，撇開了「四象」，代以五行。由太極而陰陽，由陰陽而五行，由五行而萬物。宋朝周敦頤的太極圖就是採用漢朝儒家的思想。

「無極而太極，太極動而生陽，動極而靜，靜極而生陰，陰極復動，一動一靜，立為其根。分陰分陽，兩儀立焉，陽變陰合，而生水火木金土，五氣順布；四時行焉。……五行之生也，各一其性，二五之精，妙合而凝，乾道成男，坤道成女，二氣交感化生萬物。萬物生生，而變化無窮焉。唯人也，得其秀而最靈……。……聖人定之中正仁義，立人極焉。故聖人與天地合其德，日月合其明，四時合其序，鬼神合其吉凶。」（太極圖說）

太極圖說是一篇中國哲學的生命發展論。生命由太極而來，由陰陽五行而成，由乾坤而生，人爲最靈，聖人是人中之極。宇宙中也有生命的流行，即是日月四時，表示上天好生之德，聖人能夠貫通宇宙生命，與萬物通。聖人和宇宙的相通在於仁，王陽明先生在大學問中，講天地萬物的「一體之仁」，便是這方面的詮釋。

儒家以宇宙萬物，常是繼續不斷的在變化，這一點，人由平日的經驗，就可以看到，孔子卽是從日常的生活裏，看到：「天何言哉！四時行焉，百物生焉，天何言哉！」（論語 陽貨）天地間，四時相繼續，萬物都是新陳代謝。孔子因而嘆息：「逝者如斯夫！不舍晝夜。」朱子註說：「天地之化，往者過，來者續，無一息之停。」

易經講論天地之道，以天地之道，在於動而不已。

「天地之道，恒久而不已也，利有攸往，終則有始也，日月得天而能久照，四

時變化而能久成。」（恒象）

因此易經第一卦，乾卦，認爲萬物之元，稱爲乾元，乾元之道，在於變化，而後萬物資始：

「大哉乾元，萬物資始，……乾道變化，各正性命。」（乾象）

沒有變化，便不能有宇宙；沒有宇宙，當然不能有萬物。卽如易卦，卦象由爻而成，沒有爻，卽不能有卦。爻是代表變化。

「爻者，言乎變者也。」（繫辭上　第三）

「爻也者，效天下之動者也。」（繫辭下　第三）

「道有變動故曰爻。爻有等故曰物。」（繫辭下　第十）

而且宇宙不能沒有變化；因爲宇宙由氣而成，氣的本性，就在於變化。張載說：

「太虛不能無氣，氣不能不聚而為萬物，萬物不能不散而為太虛。循是出入，是皆不得已而然也。」（張載 正蒙 太和）

這種思想，雖已摻有道家思想；然而氣的凝聚，出自氣的本性。萬物既因氣有變化而有變易，人事方面，也常是「變動不居」。富者不能久富，貧者不能久貧，盛衰循環之道，乃中國儒家的歷史哲學。

在修身方面，儒家也是主張有變動。易經乾卦：

「象曰：天行健，君子自强不息。……（君子）終日乾乾，反復道也。」

君子修德，常該終日乾乾，自強不息。大學傳說：

「湯之盤銘曰：苟日新，日日新，又日新。」（大學傳 第二）

在求學上，也是「學問無止境」，應該孜孜努力。在這一點上，儒道的思想不相同。道家以宇宙常動，人生應該清靜；因爲道的本性爲靜。儒家以天地之道，動中有靜，靜中有動，人生也應該有動靜，靜爲「天理」「明德」，動爲「修德」，「明明德」。人按着天理而日進於德。

2. 變易的原則

甲、變化由奇偶而成

爲能夠有變化，務必要有一二。沒有一，變化不能有根本；沒有二，變化不會發作。張載說：

「兩不立，則一不可見。一不可見，則兩之用息。兩體者，虛實也，動靜也，聚散也，淸濁也。其究一也。」（正蒙 太和）

張子雖說：「有兩則有一，一是太虛也。……一物而兩體，其太極之謂歟！」（易說卷三）實際上，張子的太極，乃是太虛之氣。

程明道主張有變化，務必要有對，僅只一個單的物質，不會起變動。他說：

「天地萬物之理，無獨必有對。皆自然而然，非有安排也。」（近思錄 卷一）

所謂對，卽是感應。程明道程伊川都是這般的主張：

> 「明道先生說：天地之間，只有一個感與應而已，更有甚事。」

> 「有感必有應。凡有動皆為感。感則必有應，所應復為感。所應復為感，所以不已也。」（伊川 易傳 近思錄 卷一）

感爲動，應爲變；有了感應，則有變動。感應是從關係一方面去說，一二是從本體方面去說。一二兩字，在這裏不代表一元或二元論，乃是代表變化的兩種因素。易經所講變易之道，就完全在乎一二。一二在易經上：

> 「天一，地二；天三，地四；天五，地六；天七，地八；天九，地十。」（繫辭上 第九）

一是代表天，二是代表地。天爲乾，地爲坤。乾爲陽，坤爲陰。陽爻爲「一」陰爻爲「--」。因此陽爲奇；陰爲偶。於是天數爲奇：「一三五七九」，地數爲偶：「二四六八十」。再各相加起來，便是天數二十有五，地數三十。（同上）

天數二十五，歸根是奇，是一；地數三十，歸根是偶，是二；奇偶的根本則是陽爻陰爻。因此，易經的八卦和六十四卦，歸根也只是陽陰兩爻的變化，易經乃說：

「觀變於陰陽而立卦。」（說卦傳 第一）

陰陽在易經一書裏，意義雖很複雜；但在變化一方面，則代表剛柔。陽爲剛，陰爲柔。有了剛柔，然後有感應，易經便常說變化由剛柔而生。

「剛柔相推，變在其中矣。……剛柔者，立本者也；變通者，趣時者也。」（繫辭下 第一）

「是故剛柔相摩，八卦相盪。」（繫辭上 第一）

「乾，陽物也；坤，陰物也。陰陽合德，而剛柔有體，以體天地之撰。」（繫辭下 第六）

「昔者聖人之作者也，將以順性命之理，是以立天之道，曰陰與陽，立地之道，曰柔與剛；立人之道，曰仁與義，兼三才而兩之，故易六畫而成卦。分陰與陽，迭用柔剛，故易六位而成章。」（說卦 第二）

總之，易的變化，都是由於剛柔、陰陽、乾坤，胡適說：「一部易講『易』的狀態，以爲天地萬物的變化，都起於一個動字。何以會有『動』呢？這都是因爲天地之間，本有兩種原力：一種是剛性的，叫做『陽』，一種是柔性的，叫做『陰』。這剛柔兩種原力互相衝突，互相推擠，於是生出種種運動，種種變化。……在易經裏，陽與陰兩種原力，用『⚊⚋』種種符號作代表。易繫辭說：『是故易有太極，是生兩儀，兩儀生四象，四象生八卦』，這是代表萬物由極簡易的變爲極繁雜的公式。此處所說太極，並不是宋儒說的太極圖。說文說：『極棟也。』極便是屋頂上的橫樑，在『經』便是一畫的『⚊』。『儀，匹也。』兩儀便是那一對『⚊⚋』。」❶但是陰陽的變化，不是互相衝突，而是互相結合。

乙、變化由動靜而生

易經以變化由陰陽而成，陰陽爲柔與剛。可是陰陽究竟是甚麼呢？「⚊⚋」雖然代表兩種極簡單的原素；好比一和二，代表數字的起點；但是「⚊⚋」的本性是怎樣？易經以陰陽剛柔爲動靜。

「動靜有常，剛柔斷矣。」（繫辭上　第一）

理學家爲解釋陽和陰，特別注意在「動靜」。周子太極圖明明提出這種主張，朱子則以爲定論。

「太極動而生陽，動極而靜，靜而生陰，靜極復動。一動一靜，互為其根。」（周子 太極圖說）

「天生於動者也，地生於靜者也，一動一靜交，而天地之道盡之矣。動之始，則陽生焉；動之極，則陰生焉。一陰一陽交，而天之用盡矣。靜之始，則柔生焉；靜之極，則剛生焉。一剛一柔交，而地之用盡矣。」（邵雍 觀物內篇）

「太極之有動靜，是天命之流行也。……蓋太極者，本然之妙也。動靜者，所乘之機也。」（朱子 太極圖說解）

陽和陰，由動靜而生，動生陽，靜生陰。但是動靜兩字，雖然在普通的用語上，意義很明白；但是在哲學上，意義並不簡單明瞭。我們對於動靜所有疑難並不少。第一，動靜是太極的動靜呢？是理的動靜或是氣的動靜？第二，動靜究竟有什麼意思？

A 動靜是氣的動靜，動靜之理，則在於理，又在於太極

這是朱子的答覆，動靜要有形而後見，形乃是氣，動靜所以屬於氣。氣爲能有動靜，必該有動靜之理，動靜之理，卽爲理。太極既是理之極至，動靜之理，卽在太極中。

「問動靜者所乘之機？曰：太極，理也；動靜氣也，氣行，則理亦行。二者常相依而未嘗相離也。」（朱子語類　卷九四）

「動靜無端，陰陽無始，天道也，始於陽，成於陰，本於靜，流於動，人道也。」（朱子語類　卷九八）

B　動靜是氣的進退

動靜既是屬於氣的，氣的動靜，由進退去解釋。氣之進，爲動爲陽，氣之退，爲靜爲陰，因爲氣之動作，只有進退。

「陰陽雖是兩個字，然却只是一氣之消長。一進一退，一消一長。進處便是陽，退處便是陰。只是這一氣之消長，做出古今天地間無限事來。」（朱子語類　卷七四）

易經的說卦講論八卦的位置，主張陰陽一氣之流行。有流行便有進退，有進退便有消長。易經的繫辭也講氣的流行。

「易之為書也不可遠，為道也屢遷。變動不居，周流六虛，上下無常，剛柔相易，不可為典要，唯變所適。」（繫辭下 第八）

中國哲學講氣之流行，常以圓周形爲途徑。圓周分東西南北中央五方。氣出於中央而後入於中央。動爲出發，退爲復入。但是漢儒講陰陽五行，以陰陽兩氣都有出發和復入，而且兩者的方向不同。這樣便不能說出發是陽，復入爲陰了。

C 動靜爲氣的流行和凝聚

「陰陽只是一氣。陰氣流行卽為陽，陽氣凝聚卽為陰，非直有三物也。此用甚明，周先生於太極圖中已言之矣。」（朱子 答楊元範）

「陰性凝聚，陽性發散。陰聚之，陽必散之。」（張載 正蒙 參兩）

但是這種解釋，也不能一概而論，普通以氣聚而物成，以氣散而物毀；卻不能說「物成」爲陰，「物毀」爲陽；更不能說「物成」爲靜，「物毀」爲動。所謂流行爲動爲陽，凝聚爲靜爲性，不是從物體一方面看，因爲在同一物體內，陰陽兩氣都有，而是從氣的本性方面去看，「陰性凝聚，陽性發散」。沒有凝聚之性，則氣不能成物，沒有發散流行之性，則氣不能常運行不息。流行和凝聚互相繼續，變化便不止了。

D 靜爲順於理，動爲動作，或說靜爲未發，動爲已發

動靜還有一種解釋，即是從人的修身一方面去看，動爲動作，靜爲順理。儒家的修身學，歸根是在於正心誠意，正心誠意的中心點，則在於節制情慾。情分未發和已發。情在未發時爲性，稱爲靜：情在已發時，纔爲情，稱爲動。

「性是未動，情是已動，包得已動未動，蓋心之未動則為性，已動則為情，所謂心統性情也。」（朱子語類　卷五）

但是爲正心誠意，不能專在使情不發。沒有情，則只是枯木槁灰，那是佛敎的主張，儒家主張「發而皆中節」，是說順於理而靜。理學家以順理而動爲靜，因此常說「持敬主靜」。

「聖人定之以中正仁義而主靜，立人極焉。」（周濂溪　太極圖說）

總括上面所說的，我們對於動靜的意義，有以下的結論：宇宙之氣因着進退之理，常週流不息，一進一退，互相繼續，進則流行，退則凝聚。流行時則氣剛而陽，凝聚時則氣柔而陰。人生的活動也該隨着這種原則，動靜相依。

丙、變化常循環不息

「動靜相依，互爲其根。」理學家以這種原則，爲宇宙變化的基本原則。因着動靜相依，宇宙的變化乃循環不息。

A　變化不息

易經的六十四卦裏，有好幾卦，專爲發揮變動不息的思想。例如復卦、恒卦。

「反復其道，七日來復，天行也。」(復象)

「天地之道，恒久而不已也。」(恒象)

「天下之理，終而復始，所以恒而不窮。恒非一定之謂也。一定則不能恒矣，惟隨時變易，乃常道也。」(程伊川　易傳　恒象)

天地之變化，常是週而復始，沒有止息。白晝和黑夜，互相繼續。春夏秋冬，互相連接。假使一旦斷了，天地就完了。

「公曰：敢問何貴乎道也？孔子曰：貴其不已。如日月東西相從而不已也。」（大戴禮記 哀公問）

B 循環反復

儒家以宇宙的變化，不是循着一條直線，乃是循着一個圓周，「終而復始」這種循環的變動，不僅是陰陽替代，若是僅止是一陰一陽，互相繼續，也可成爲直線形的變動。易經則明明說「七日來復」，「終而復始」。易經的卦，由陰陽兩爻，變動而成。凡一陰一陽之卦各六，皆自「復」「始」而來。所以「復」卦的卦象曰：「七日來復。」復卦爲一陽在下：䷗「有陽於下而以順行上之象。」（朱子註）陽漸升於六二，而有師卦。升於六三，而有謙卦。升於六四，而有豫卦。升於六五，而有比卦。升到上六，而有剝卦，剝盡則爲坤，由坤而再有復，即爲七日之來復：

䷁ 坤　䷖ 剝　䷇ 比　䷏ 豫　䷎ 謙　䷆ 師　䷗ 復

易經的卦，無論是一陰一陽、二陰二陽、三陰三陽、四陰四陽、五陰五陽，都是來復的變動，週而復始。因此易經對於循環的話很多：

「無往不復，天地際也。」(泰象)

「終則有始，天行也。」(蠱象)

「日中則昃，月盈則食；天地盈虛，與時息消。」(豐象)

卦象如此，天地的現象也是如此。易經繫辭說：「日往則月來。月往則日來，日月相推，而明生焉。寒往則暑來，暑往則寒來，寒暑相推，而歲成焉。往者，屈也；來者，伸也。屈伸相感而利生焉。」(繫辭下 第五)

人事也是循環往復，「物極必反」，成了中國歷史哲學的基本原則。富貴盛衰，也是「終而復始」。

丁、動中有靜，靜中有動

天地的變動，循環反復；理由是在於一陰一陽，互相繼續。然而一陰一陽之繼續，也有自己的理由。這種理由，是在於動中有靜，靜中有動。動靜兩種原力，不是完全互相分離的，不像兩種互相繼續的東西，前一種完了，纔有後一種，後一種完了，又有前一種。動靜陽陰，互相消長。動中有靜，動消息時，靜長成；靜中有動，靜消息時，動長成。如是，陽中有陰，陰中有陽，一消一長，跟易卦的變化一樣。

「靜中便有動，動中便有靜。」（程伊川語錄）

「如冬至之前，天地閉，可謂靜矣。而日月星辰亦自運行不息，謂之無動可乎？但人不識有無動靜耳。」（程明道語錄）

四時春夏秋冬，每一季裏都含有陽陰動靜。春天陰漸衰，陽漸盛；夏天陽極盛，陰極衰；秋天陽漸衰，陰漸盛；冬天陰極盛，陽極衰。宇宙內沒有單獨的陽，也沒有單獨的陰。陽陰常相結合。

戊、變化常合於中正

易經的卦有三爻，第二爻爲中爻。重卦有三爻，第二爻和第五爻爲中爻。三爻或三爻的卦，陽陰兩爻，有一定的位置，卽陰爻在第二爻，陽爻在第五爻；這種卦稱爲中正卦。例如遯卦就是這種卦，周易本義一書註遯卦的第五爻象曰：「剛陽中正，下應六二，亦柔順而中正。遯之嘉美者也。」又例如家人卦也是這種卦，這卦的象辭說：「衆人，女正位乎內，男正乎外，男女正，天地之大義也。」又例如這種卦的益卦，象曰：「中正有慶，……天施地生，其益無方。凡益之道，與時偕行。」

卦的六爻代表時和位，位象徵空間，時象徵時間，中正則象徵卦的爻在該在的時空以內，恰得其當。若恰得其當，陽陰取得協調，便可以有和諧。一年的四季，每一季的陰陽變化，適合這一季的需要，就能如普通所說「風調雨順，五穀豐登」。易經的卦辭裏，屢次說：「時大矣哉！」「時用大矣哉！」在變化裏，時間的意義較比空間的意義爲大，在抽象方面，時間的意義常是一樣，在具體的「存在」上，時間的意義因着具體的環境不同，便不能常是一樣，因此宇宙的變易，不能不就合具體的環境要求，以求和諧。易經很看重合諧，因而說：「時之用大矣哉」！

己、變化以生生為目的

講易經的人，大家都注意到繫辭傳所說：「生生之謂易。」（繫辭上　第五）天地的變易是爲生生。宇宙的萬千變化，歸到一個目的，爲生發有生之物。易經的宇宙論，是一種有目的的宇宙論。

老子說：「天地不仁，以萬物爲芻狗。」（道德經　第五章）王弼註說：「天地任自然，無爲無造，萬物自相治理，故不仁也。仁者，必造施化，有恩有爲。」這一點是儒道兩家根本不同的一點。道家主張天地沒有目的，人的生命也沒有目的，一切都任其自然。儒家主張天地有目的，人生也就有目的。天地目的，在於人的生生，稱爲「仁」；人生的目的也在於「仁」。天地的變化，自然而然地因着天理而趨於自身的目的生活，按着本性的天理，也該趨向於「仁」；但是因爲人的情慾阻止順從天理，人便該克制情慾，使人性的天理彰明，而至於仁。

儒家天地有目的主張，來自「上天」的信念。天地旣由「天」所造，由「帝」（天）所治理，天地的一切當然都有目的。這種思想，在五經和孔、孟的書裏，很爲明顯。但有人說，儒家自荀子以後，則多不信「有人格的天」了。理學家更是講自然界的天理而不講「主宰的天」。我們在這裏不討論理學家對「主宰的天」的思想，我們只就天地變化的目的一點說，理學家較比孔、孟說的還更淸楚。理學家最注意「仁」字，以「仁」代表天心，代表天德。

「天地以生物為心，天包着地，別無所作為，只是生物而已，亘古亘今，生生不窮。人物則得此心以為心。」（朱子語類　卷五十三）

「問天地無心，仁便是天地之心。若使有其心，必有思慮，有營為，天地曷嘗有思慮來？然其所以四時行，百物生者，蓋以其合當如此，便如此，不待思慮，此所以為天地之道！曰：如此，則易所謂其見天地之心正大，而天地之情可見，又如何？如所說，祇見得他無心處耳。若果無心，則須年生馬，桃樹上發李花。他却又自定。程子曰：以主宰謂之帝，以性情謂之乾。他這名義自定，心便是他箇主宰處，所以謂天地以生物為心。」（朱子語類　卷一）

天地以生物爲心，我們現在不問天地究竟是無靈的自然，或是有靈的主宰者；但是天地的一切變化，一定是有目的，一切變化都在於生生。生生即謂之仁。

「天地之大德曰生。天地絪縕，萬物化醇，生之謂性，萬物之生意最可觀，此元者，善之長也，斯所謂仁也。」（二程遺書　卷十）

在儒家的修身學上，人心應該同於天心，因爲人心的天理，即是天地間的天理。因此孔子以仁爲全德。理學家在「仁」字上，沒有離開孔子的遺教。

3. 變易的過程

易經有一段話，講述宇宙變化的過程，「是故易有太極，是生兩儀，兩儀生四象，四象生八卦」（繫辭上　第十一章）又另外一段解釋萬物的化生：「天地絪縕，萬物化醇，男女構精，萬物化生」（繫辭下　第五章）宋朝周敦頤作太極圖，「太極而無極，太極生陰陽，陰陽生五行，五行生男女，男女生萬物。」周敦頤的太極圖，收納了易經的思想和漢朝易學家的思想，可以代表宋明清儒家的思想。老子曾經說過：「道生一，一生二，二生三，三生萬物。」（道德經　第四十二章）老子講道的變化過程和易經一樣，都用數字代表，易經是一，二，四，八，漢朝易學家改爲一，二，五，老子則爲一，二，三，易經和老子沒有加以解釋，周敦頤作有太極圖解，然也沒有詳加說明。

甲、太極和氣的變化

我們在講儒家玄學的一元論和二元論時，我們就說到「太極」的意義，儒家的解釋不同。但是我們可以斷定的有三點：第一，太極不是生物的「皇天上帝」；第二，朱子以理為太極，不合於易經的思想；第三，近人馮友蘭以太極似於道家的「道」，也不合於歷代儒家的主張。❷

易經以太極為宇宙之元，元卽元始，宇宙萬物都來自太極。那麼宇宙的變化，都從太極開始，而且都可以說是太極的變易。

胡適說易的太極「便是一畫的『一』」❸，陰陽則是「二」兩種原力，然而易經在這裏所說的，不是說一個實體的本體成素，而是宇宙萬物的由來，宇宙萬物的元始，不能是一理想方面的抽象的理或力，該是一具體的實體。例如老子以「道」為萬物之元，「道」無論是怎樣無形名，但老子卻說：「有物混成，先天地生。」道是「有物」，易經的太極，必定該是具體的有。

但是朱子極端反對這種思想，他以為若是太極為具體的物，則是形而下了，太極是形而上。不過朱子的形而上和形而下，和易經所說的，也不完全相合。易經明明說：「一陰一陽之謂道。」道為形而上；朱子則以陰陽為形而下，因為陰陽為氣，氣為形而下。

張載卻以太極為太虛，太虛乃氣之本體，居於形而上。宇宙的變化，為太虛的變化，也即是氣的變化。

易經雖不明明說太極是氣；但是易經講宇宙萬物的發生時，常說「天地絪縕，萬物發生」。絪縕兩字，乃是氣的絪縕；萬物便是由氣的絪縕而生。因此，儒家的宇宙變化，在變化的「理」上去說，則是動靜，在變化的主體上說，即是氣，我們既然講宇宙變化的過程，便是講氣的變化過程。

乙、太虛之氣

宇宙開端以先，只有太虛之氣。太虛之氣，混沌迷濛。

「氣坱然太虛，升落飛揚，未嘗止息。易所謂絪縕，莊生所謂生物以息相吹野馬者與，此虛實動靜之機，陰陽剛柔之始。」（張載　正蒙　太和）

張載以太虛之氣爲太和之氣，又簡稱爲「太和」；因爲它尚沒有形象，故更好不稱爲氣。在道家的思想裏，也有所謂「和」，老子說：

「道生一、一生二、二生三、三生萬物，萬物負陰而抱陽，冲氣以爲和。」（道德經　第四十二章）

「冲氣以爲和」，可解爲氣相交冲而得和，也可解爲氣得其中以爲和。莊子田子方篇說：「至陰肅肅，至陽赫赫。肅肅出乎天，赫赫發乎地。兩者交通成和而物生焉。」莊子和老子的和，乃是陰陽相交的中和。儒家後來講情發而得其中稱爲和，有似於老莊的中和。張載爲稱太虛之氣不用「中和」而用「太和」，用意卽在和老莊的「和氣」有分別。

淮南子講宇宙的變化，分變化的階段爲四：有有者，有始者，未始有有始者，未始有夫未始有有始者。在有有的階段者，萬物已成，有類有數。在有始的階段裏，陰陽相交，尚沒有結成物類，這種階段也稱爲「無」。在未始有有始的階段裏，陰陽始發，大通混冥，這種階段也稱爲未始有有無者。在未始有夫未始有有始的階段裏，陰陽未分，汪然平靜，虛無寂寞。這種階段，也稱爲未始有夫未始有有無者。它和「太和」很相同。

「有始者，有未有始有始者，有未始有夫未始有有始者。有有者，有無者，有未始有有無者，有未始有夫未始有有無者。……有未始有夫未始有有始者，天含和而未降，地懷氣而未揚，虛無寂寞，蕭條霄兆，無有彷彿，氣遂而大通冥冥者也……有未始有夫未始有有無者，天地未判，四時未分，萬物未生，汪然平靜，寂寞然清澄，莫見其形。」(淮南子 俶眞訓篇)

太虛之，爲氣之本體，無形無像。張子明明說：

「太虛無形，氣之本體。」（太和）

可是既是氣，則不能無形；無形則是抽象的理想物，不是具體的實體。太虛之氣，乃是實體物。這又有點似乎老子所說：「道之爲物，惟恍惟惚；恍兮惚兮，其中有物，惚兮恍兮，其中有象。」（道德經　第二十一章）「繩繩不可名，復歸於無物，是謂無狀之狀，無物之狀，無然之象，是謂惚恍。」（道德經　第十四章）形字若按它的本義，以爲可以觀察之形；道是無形，太虛也是無形。形字若按形上學上的意義，作爲具體化，作爲物的質；道有形，太虛也有形。不過道的形和太虛的形，都是恍惚未定，和淮南子所說的：「莫見其形。」太虛以內，含有動靜陰陽的理性。

「太和所謂道，中涵浮沉升降，動靜相感之性。是生絪縕相盪，勝負屈伸之始。其來也，幾微易簡；其究也，廣大堅固。」（太和）

因着動靜浮沉之理，太虛之氣，乃有變化，這種變化，而且是太虛自然而有的變化，不能止息。

「太虛不能無氣，氣不能不聚而為萬物，萬物不能不散而為太虛。循是出入，是皆不得已而然也。」（同上）

這所謂不得已而然，是從本體方面講萬物的變遷；至於每個人的善惡禍福，並不是自然而然，那是和人的意志自由有關。

丙、氣之流行凝聚而為天地陰陽

太虛之氣，不得不有動靜，氣動則流行，氣靜則凝聚。流行爲陽，凝聚爲陰。在講宇宙變化之理時，我們以動爲陽，靜爲陰。於今我們講宇宙變化的過程，由太虛的動靜所成的陰陽，究爲何物？儒家以宇宙開始時，只有天和地，天爲陽，地爲陰。朱子說：

「天地初開，只是陰陽之氣。這一個氣運行，磨來磨去，磨得急了，便挼去許多渣滓，裏面無處出，便結成個地在中央，氣之清者便為天，為日月，為星辰，只在外常周環運轉。地便在中央不得，不是在下。」（朱子語類）

張子說：

「地純陰，凝聚於中；天浮陽運旋於外；此天地之常體也。」(正蒙 參兩)

在易經裏，天地也是居在萬物之先，先有天地然後有萬物。乾坤是太極的兩儀，乾爲天，坤爲地。

「大哉乾元，萬物資始，乃統天。」(乾象)

「至哉坤元，萬物資生，乃順承天。坤厚載物，德合無疆。」(坤象)

載物爲地。氣運行時，卽得天地，天地由陰陽而成。乾坤代表陽和陰之理，天地代表陽和陰之形。朱子說：

「天地形而下者，乾坤形而上者。天地，乾坤之形殼；乾坤，天地之性情。」(太極圖說解)

「天地初間只是陰陽之氣，……清剛者為天，重濁者為地」(朱子語類 卷一)

在宇宙的變化中，開始只有太虛之氣，因着動靜之理而有動靜，乃生陰陽，陰陽便結成天地。

天地雖是指着上面的淸淸者天，和中間的重濁者地；但是仍舊代表陰陽的氣。因爲天地並不是塊然不動的天地，乃是具有發生萬物的氣。易經所以說：「天地絪縕，萬物發生。」

丁、四象五行

天地陰陽之氣，運轉不息。運轉之理，常是動靜之理，太虛之氣，具有動靜之理而生陰陽。在陰陽之中，又各具有動靜之理。陽有動靜，陰也有動靜。陽的動靜，以動爲顯，靜爲隱，動極則靜漸顯；易經稱爲太陽⚌，少陰⚍。陰的動靜，以靜爲顯，動爲隱，靜極則動漸顯；易經稱爲太陰⚏，少陽⚎。這就是易經的四象。

四象是一種抽象的理，具體上的四象，卽是四時。有了天地，便分四季；春夏秋冬。春爲少陽，夏爲太陽，秋爲少陰，冬爲太陰。

四季之成，卽是由於陰陽之氣之運行。氣之運行，常取圓周形，而一年四時的往返，也是週而復始。於是便有陰陽運行的周繞方向，爲氣的方向，若以空間的位置作比較則更明顯，於是便以東南西北的方位，來解釋陰陽的運行。東南西北是四方形，爲成圓形，當有一中心，由中心穿過東南西北而畫一線，始有圓周，因此東南西北加上中央，便成五個方位。陰陽之氣在這五個方位上週轉，卽是所謂五行。

把空間裏的東西南北中央，和時間裏的一年四時，配合起來，陰陽五行之說便成了。書經洪範一篇裏，已講五行。然而洪範這篇書，很難是孔子以前的眞作，戰國末葉，五行之說，已行於社會，但是五行之說，最盛行的時期，則爲漢代。

「天之道，終而復始，故北方者，天之終始也，陰陽之所合也。冬至之幾，陰俛而西入，陽仰而東出。出入之處，常相反也。多少調和之適，常相順也，有多而無溢，有少而無絕，春夏陽多而陰少。秋冬陽少而陰多。多少無常，未嘗不分而相散也。」（董仲舒　春秋繁露　陰陽終結篇）

「陽氣起於東北，盡於西南；陰氣起於西南，盡於東北。」（淮南子　詮言訓）

可見五行本是陰陽的動靜顯晦的代表，也是抽象方面的變動理論。但在具體上，五行便有具體的名字；木火金水土。木配東和春，火配南和夏，金配西和秋，水配北和冬，土配中央。

理學家從宇宙變化的過程上去看，看到天地以後有木火金水土的五行，因此四時就包含在五行裏，朱子說：

「大抵天地生物，先其輕清，以及重濁。天一生水，地二生火。五物在五行中最輕清，金木復重於水火，土又重於金木。」（朱子語類）

張子更進而講五行之性：

「木金者，土之華實也，其性有水火之雜，故木之為物，水漬則生，火然而不離也；蓋得土之浮華於水火之交也，金之為物，得火之精於土之燥，得水之精於土之濡，故水火相待而不相害，爍之反流而不耗；蓋得土之精實於水火之際也，土著，物之所以成始而成終也。地之質也，化之終也，水火之所以升降，物兼體而不遺者也。」（正蒙 參兩）

朱子曾讚美張子這一段話：「五行之說，正蒙一段，說得最好，不輕下一字。」（語類）

然而在哲理上，這一段話的價值很少。

五行之說，還有相生相尅，我在中國哲學大綱裏，曾加以說明這裏便不多說了。

戊　萬物、人

宇宙的變化，由太虛之氣而有陰陽之天地，由天地而有四時五行，由五行然後有萬物。

易經的變化程序，由太極而兩儀，由兩儀而四象，四象而八卦，由八卦而六十四卦。易經的六十四卦，雖可代表萬物，然而卦只是一種象，象則代表一種變化之理。六十四卦便是抽象方面變化的理論，和五行的意義相同。

在具體方面，易經講萬物化生，則常說：「天地感而萬物化生。」(咸象)「天地相遇，品物咸章。」(姤象)「天地交而萬物通。」(泰象)「天地不交，而萬物不興。」(歸妹象)「天地不交而萬物不通。」(否象)「有天地，然後萬物生焉。」(說卦上)「天地，然後有萬物；有萬物，然後有男女；有男女，然後有夫婦；有夫婦，然後有父子；有父子，然後有君臣。」(說卦下)「乾道成男，坤道成女。」(繫辭上 第一)「天地絪縕，萬物化醇，男女媾精，萬物化生。」(繫辭下 第五)

易經的變化過程，似有兩種：第一種，天地萬物，有萬物然後有男女。第二種，由天地而有男女，由男女而生萬物。但是這兩種過程，實際上只有一種。所謂天地生萬物，有萬物而男女，男女指的是人。所謂天地生男女，男女生萬物，男女指的是陽陰之氣。萬物之生，由於天之陽氣，地之陰氣，相合而成。

周子太極圖說變化的過程：「太極動而生陽，動極而靜，靜而生陰。……陽變陰和，而生水火木金土，五行順布，四時行焉。……無極之眞，二五之精，妙和而凝，乾道成男，坤道成女，二氣交感，化生萬物。萬物生生，而變化無窮焉。」(太極圖) 周子所講的變化過程，是太極而陰陽，陰陽而五行，五行而男女，男女而萬物。男女，明明指的乾坤所成之氣，稱爲「二氣交感」，不是指的男人女人。男女二氣，雖是陽陰二氣，然而不完全相等；因爲男女二氣，是由於陰陽二氣和五行五氣，相合而成的：「二五之精，妙和而凝。」

張載和朱熹則特別注意在「妙和而凝」，以氣之凝聚而成物。張子說：「氣坱然太虛，升降飛揚，未嘗止息，易所謂絪縕。……浮而上者，陽之淸，降而下者，陰之濁。其感遇聚散，爲風雨，爲雪霜。萬品之流形，山川之融結，糟粕煨燼，無非教也。」（正蒙 太和）朱子則說：「晝夜運而無息，便是陰陽之兩端，其四邊散出紛擾者，便是游氣，以生人物之萬殊，如麵粉相似，其四邊只管層層散出。天地之氣，運轉而已，只管層層生出人物。其中有粗有細，如人物有偏有正。」（朱子語類 卷九十八）

太虛之氣，運轉不息，第一次凝聚時，淸者爲天，濁者爲地。這次凝聚，還是大致的沒有固定的形。天地之氣，繼續在轉，第二次凝聚，結成水火木金土五氣。五氣的凝聚，還不算完全固定。五行之五氣，又繼續運轉，按照陰陽相合之理，第三次凝聚，凝成萬物。這次凝聚，每一物都有定形，這纔可說是凝聚了。萬物不再變爲他物，只是在氣散時，物滅，再歸於太虛。這就是天地的循環。張子所以說：「太虛不能無氣，氣不能不聚而爲萬物，萬物不能不散而爲太虛，循是出入，是該不得已而然也。」（正蒙 太和）

人爲萬物之一，人的生，卽是五行之五氣所結合。人是否生於萬物之先，理學家誰也沒有說。」理學家所說到的，人是得五行之秀氣，秀氣爲之淸。因爲氣淸，人性爲正。萬物得氣之濁，物性乃偏。

「伊川先生說：天地儲精，本也真而靜，其未發也五性具焉，曰仁義禮智信。」（朱子　胡廣仲）

這點，在講「性」時，我們再說。人之生，可以說是和萬物同時的，中間的先後，理學家沒有定論。

註

❶ 胡適　中國哲學史大綱上，頁七八。
❷ 馮友蘭　新理學第一章。
❸ 胡適　中國哲學史大綱上，頁七九。

二、變化的原素

1. 萬物的根本

我以易經爲儒家形上學的第一本書。關於易經的作者，雖有許多的疑問，不過，即使易經非「四聖」之作，其中的思想卻是儒家的思想，易經仍舊可算儒家形上學的基本著作。

甲、一元論

易經對於物的本質，主張一元論。

「是故易有太極，是生兩儀，兩儀生四象，四象生八卦」（繫辭上 第十一）

「易始於太極，太極分而為二，故生天地。天地有春夏秋冬之節，故生四時。四時各有陰陽剛柔之分，故生八卦。八卦成列，天地之道立，雷風水火山澤之象定矣。」（乾鑿度）

乾鑿度發揮易經的思想，把「兩儀」解爲「天地」，「四象」化爲「四時」，而把「易有太極」解成「易始太極」，我們可以說，易經的思想是以「太極」爲萬物之元。「元」字有什麼意義呢？董仲舒說：

「謂一元者，大始也」（春秋繁露　玉英）

「元猶原也，其義以隨天地終始也。……故元者，爲萬物元本」（春秋繁露　重政）

「元」卽是本原，爲根本，也是出發點。易以太極爲萬物的本原，萬物都是由太極爲始。所謂「始」，不僅從時間上說，也從本質上去說，因爲萬物是由太極變化而來的。更者，太極和萬物不相離，萬物由玆發出而繼續太極；有如河水由源頭發出，滾滾而下。水源與河水不能分離。太極與萬物沒有創造的意義，太極與萬物同等同在而不是超越萬物以上的實體。

漢代講讖緯的學者也以易經作根據，但讖緯不是學術，而是胡思亂想，易經也就被越講越糊塗了。

宋代理學的先進，周敦頤作太極圖說，他認爲：

「無極而太極，太極動而生陽。動極而靜，靜而生陰。靜極復動，一動一靜，互為其根。分陰分陽，兩儀立焉。陽變陰合，而生水火木金土，五氣順布，四時行焉。五行一陰陽也，陰陽一太極也。」

周子的主張根於易經，中間夾雜了道家及漢唐讖緯的思想，「五行」思想是漢代流行的思潮，而「無極」則來自道家。朱熹曾說：「伏羲作易，以一畫以下，文王演易，以乾元以下，皆未嘗言太極，而孔子言之。孔子贊周易，以太極以下，未嘗無極，而周子言之」。（答陸子靜書）他說明一元論的演變史：伏羲主一元，以「一畫」作代表；文王以「乾元」爲根本；而孔子則以「太極」爲言一元。周子也主一元，以「無極」稱之。但周子的無極，並不在太極以上，而只是太極的說明。朱熹解說太極圖說云：

「無極太極，正所謂無此形狀，而有此道理耳。謂之無極，正以其無有所形狀，以為在無物之前，而未嘗不立於有物之後。……不言無極，則太極同於一物，而不足為萬物之根；不言太極，則無極淪於空寂，而不能為萬物根。」（太極圖說解）

朱子以爲「無極」和「太極」是一體之兩面；在本體上，無形無狀，在無物之先，故稱無極，但從其爲萬物之根這方面眞，又稱爲太極。朱子是根據他以太極爲理，理無形狀，故稱無極。當時，陸象山兄弟就不同意這種解釋，他認爲「無極」是沒有意義，陸九韶說：

「太極二字，聖人發明道之本源，微妙中正。……今於上又加無極二字，是頭上安頭，過為虛無好高之論也。」（梭山陸九韶致朱熹書）

陸九淵說：

「太極圖說，以無極二字冠首。而通書終篇未嘗一及無極字。二程言論文字至多，亦未嘗一及無極字。假令其初實有是圖，觀其後來，未嘗一及無極字，可見其學之進，而不自以為是也。……。」（象山陸九淵致朱熹書）

我以爲，周子的太極圖說，既受道家的影響，所謂「無極而太極」必和老子的「道」有些關係。老子說：「有生於無」，又說「道無爲」。周子的「無極」似於老子的「無」，「太極」則似於「有」。不過，周子不以太極生於無極，而只以無極和太極爲物的兩面。

張載的思想也主張一元論，但和周子不互相連屬，他以「太虛」爲物的本元。

「天地之道，無非以至虛為實。……天地以虛為德。至善者，虛也。虛者，天地之祖，天地從虛中來。」（張子語錄）

「天地從虛中來」；「虛」是否卽是老子的「無」呢？張子的主張和老子不同，他以太虛爲氣之本體，萬物則由氣而來。

「太虛無形，氣之本體。」（正蒙　太和）

「太虛者，氣之體，氣有陰陽屈伸相感之無窮。」（正蒙　乾稱）

張子的太虛爲氣之本體，不分陰陽。陰陽之理，藏在太虛之中，氣由太虛而分陰陽，但是他並未明白的提出「理」的觀念。後來陸象山則標明之。

「萬物森然於方寸之間，滿心而發，充塞宇宙，無非是理。」（象山全集　卷卅四）

後來的明淸學者，頗多承繼張載的主張，以氣爲本體。黃宗羲云：

「天地之間只有氣，更無理，以氣自有條理，故立此名耳。」（明儒學案　卷五十）

他認爲，「氣」爲萬物之元，「理」則包含在「氣」以內。淸儒標明漢學，反對宋明理學，但在論物的本體方面的主張，有頗似黃宗羲者：李塨云：

「以陰陽之氣之流行也謂之道，以其有條理謂之理。今乃分理道別為一物，曰，理道善而氣惡，不亦誕乎？」（周易傳注）

李塨攻擊朱子的理善氣惡論，以理氣不分。顏習齋也有相同的主張：「顏習齋之主要意思，在於以氣爲宇宙之根本。雖亦言論，而以理氣爲融爲一片。」❶

清儒劉蕺山也是從張載的主張，他說：

「盈天地間，一氣也，氣卽理也。……或曰：虛生氣。夫虛卽氣也，何生之有？吾溯之未始有氣之先，亦無往而非氣也」（劉子全書　卷十一）

王夫之對於理氣的看法，也近於劉蕺山：他說：

「天地間只理與氣，氣載理而以秩序氣」（讀四書大全　卷三）

我們把從易經一直到清儒，所有一元論的主張，加以分析研究，可以看出，所謂一元者，先謂「太極」，後謂「氣」也，不過，後來所說的「氣」，已寓於「太極」之中。李塨雖說：「理氣心性，後儒之習談也。易則多不言氣，惟曰：『乾陽物，坤陰物』」（周易傳注）然而，易經以兩儀出於太極，兩儀爲陰陽，陰陽爲兩氣，則太極當如張載所說的，太虛爲氣之本體。

乙、二元論

「理氣二元論，是儒家自孔子以來所持的本體論，至宋儒乃創立理氣二元之說。這是宋與以前儒學不同之所。」❷夏君虞之說雖與史實不相違悖，但稍嫌籠統，在宋以前，只有一元論，而無所謂理氣二元論，因爲理氣乃宋儒所提出的名詞。再者，亦非宋儒都主張理氣二元論。理氣二元論可以說是由小程子伊川開端，朱子集大成的學說。嚴格說，乃是朱子的思想。朱子云：

「天地之間，有理有氣。理也者，形而上之道也，生物之本也。氣也者，形而下之器也，生物之具也。是以人物之生，必稟此理，然後有性；必稟此氣，然後有形。」（答黃道夫　朱子大全　五八卷）

朱子的這種思想，明明是伊川的翻版。伊川云：

「離了陰陽便無道；所以陰陽者是道也。陰陽，氣也。氣是形而下者，形而上者，則是理也。」（遺書）

朱子不以太極爲萬物之元，乃以太極爲萬物之理，理和氣不相分離但有分別；因此應有理氣二元，不是太極一元了。

「太極非別為一物，卽陰陽而在陰陽，卽五行而在五行。卽萬物而在萬物，只是一個理而已。因其極至，故名太極。」（朱子語類　卷九四）

宇宙間的萬物，都由理和氣而成，有理則有氣，有氣則有理，兩者不能相分離。

朱子的主張與易經的太極一元論的相異點，從外表上看似乎很明顯，究其實則不然。太極一元論主張理氣不分，然而在太極內有氣，氣中有陰陽動靜之理。易經不也注重乾坤嗎？乾元坤元爲八卦的根元。乾卽是陽，坤卽是陰。張載的「太虛」雖是氣的本體，不分陰陽，然而太虛中有陰陽之理。因此一元論可以說是以「氣」爲主，理包在氣中。朱子則特別提出

「理」字，把「理」和「氣」視爲二；雖然，朱子認爲，這種二分法是在理智上的方面看。從事實上看是不能分的，但「理」和「氣」的分別是一種實在的分別。既然，「理」與「氣」實在有別，便不能不主張，萬物是由理與氣二元所構成的二元論了。還有王船山主張乾坤並建，以乾坤爲易的二元，易爲宇宙變易，乾坤便是宇宙變易的二元。

2. 太極

太極的名詞來自易經，太極的形上思想也出自易經。但是易經對於太極講得很少，漢朝陰陽家和道家乃以許多沒有哲學價值的道敎思想，附會到太極的觀念上去。我們祇要翻開太平御覽的太極一條，就可以看到這些附會的話。宋朝理學家周濂溪和朱熹擺脫漢朝的陰陽家言，以哲學的觀念去講太極；然也沒有多加發揮，當代學者唐君毅先生在所著的中國哲學原論，以一百頁的篇幅討論了太極問題，獨到之處很多；然所講的在於解釋周子和朱子的太極論，對於太極本身，所說尙少❸實際上太極在儒家形上學中雖不像「氣」和「陰陽」那麼重要，而氣和陰陽的本身，則以太極爲根基。

甲、太極爲宇宙萬物之元

易經說：「是故易有太極，是生兩儀，兩儀生四象，四象生八卦。」（繫辭上　第十一）

太極的名詞出於易經，易經用這個名詞究竟有什麼意義呢？極字的本義，按說文解字詁林，解爲棟，居屋之正中；解爲高之極至；解爲窮盡，解爲終❹。

虞翻註易以太極爲太一。漢書律曆志曰太極元氣函三爲一。極字解爲一字。

宋朝陸象山和朱熹兩人對於周濂溪的太極的爭論，也是朱子以極爲至極，陸子以極爲中。

太極名詞的解釋，在哲學上沒有很大的影響；太極的意義，則就影響很大了。易經的太極，爲宇宙萬物之元。但是這一種思想在漢朝並不清楚。我們翻開太平御覽天部一看，上面列的目錄是：元氣，太易，太初，太始，太素，太極。（卷一 一三〇頁）這個排列的次序，代表一種宇宙論。列子說：

「子列子曰：昔者聖人，因陰陽以統天地，有形者生於無形，則天地安生？故曰有太易，有太初，有太始，有太素。太易者，未見氣也。太初者，氣之始也。太始者，形之始也。太素者，質之始也。氣形質具而未相離，故曰渾淪。渾淪者，言萬物相渾淪而未相離也。」（列子 天瑞）

太平御覽的次序，乃是列子的次序。按照這個次序，太極乃是位居第六了。而且在這個次序裏，太極和別的幾個名詞：太易，太初，太始，太素，祇是元素的五個名詞，代表元氣變化的五個階段，五個名詞所指的實體，同是一個元氣。

漢朝人註易，常摻以陰陽家和道敎的思想，韓康伯註易，以太極爲「無之稱也。」說文釋一字說：「惟初太極，道立於一，造分天地，化成萬物。」馬融以太極爲北辰，爲太乙或太一神所居。史記正義說：「泰一，天帝之別名。」史記封禪書說：「天神貴者太一。」這些思想雖不合於易經的本義，但都表示太極爲宇宙之元。

傅玄風賦說：「嘉太極之開元，羨天地之定位。」

阮籍通老論：「道者化自然而爲化，侯王能守之，萬物將自化。易謂之太極，春秋謂之元，老子謂之道。」

董仲舒說：「謂一元者，大始也。」（春秋繁露　玉英）

但是易經的元字，卻不指著太極，而指著乾。乾卦的爻辭說：「乾，元亨利貞」。彖曰「大哉乾元，萬物資始乃統天，雲行雨施，品物流行。」元字又用之於坤。坤卦的爻辭說：「坤，元亨利牝馬之貞」。彖曰：「至哉坤元，萬物資生，乃順承天，坤厚載物，德合無疆。」

乾坤在易經裏爲兩個基本的卦，爲六十四卦的基本，卦爲象，乾坤乃是陽陰的象，易經又講剛柔和天地，剛柔爲陽陰的德能，天地爲陽陰的具體物。

天地爲萬物之元，天地由太極而生；因天地爲乾坤，乾坤則是陽陰，陽陰爲兩儀，易經明明說：「太極生兩儀。」可見太極爲天地萬物之元。

宇宙萬物之元，應該是實體；否則便是空話。因此，朱子說太極是理之極至，不能代表易經的思想。

「問太極不是未有天地之先，有個渾成之物，是天地萬物之理總名否？曰：太極只是天地萬物之理。在天地言，則天地中有太極；在萬物言，則萬物中各有太極。」（朱子語類 卷一）

「太極非別為一物，卽陰陽而在陰陽，卽五行而在五行，卽萬物而在萬物，只是一個理而已，因其極至，故名太極。」（朱子語類 卷九四）

理和氣不相離，天下沒有無氣之理，則朱熹所說的太極便不是先天地而有之實體。

乙、太極為太虛之氣

太平御覽的天部以元氣爲首，太易，太初，太始，太素和太極，都是元氣的變化過程。但是元氣是什麼？太平御覽所引各書的解釋，卻以元氣就是一種氣，多屬後期道家的思想。漢書律曆志說：「太極運三辰五星於上，元氣轉三統五行於下。」這樣一說，太極和元氣同在了，太極在天上，元氣在地上，完全不是哲學的思想，乃是陰陽家的附會。

太極爲氣之本體，氣之本體爲虛，張載稱之爲太虛之氣。張子說：

「天地之道，無非以至虛為實。……天地以虛為德。至善者，虛也。虛者，天地之祖，天地從虛中來。」(張子語錄)

「太虛無形，氣之本體。」(正蒙 太和)

「太虛者，氣之體，氣有陰陽屈伸相感之無窮。」(正蒙 乾稱)

氣之本體，沒有形像，不分陰陽，卽是在分陰陽之先。陰陽由太虛之氣而生，這跟易經的「太極生兩儀」互相符合。氣之本體爲虛，虛和無相近，周濂溪在太極圖中乃以無極而太極。朱子解釋太極圖，盡力主張無極爲太極的註解，不是兩件事，陸象山則反對周子的無極而太極，認爲老子的有生於無的思想，不是儒家的正傳。實則周子和張子的思想相同，祇是說明太極的本體是虛無之氣。

以氣爲天地萬物的本源，乃是儒家一貫的思想，從漢朝到清朝，學者的意見相同，清朝的學者說得很淸楚。王夫之，顏元，李塨，劉蕺山都有同一的主張。

劉蕺山說：

「盈天地間，一氣也，氣卽理也。……或曰：虛生氣。夫虛卽氣也，何生之有？吾溯之未始有氣之先，亦無往而非氣也。」(劉子全書 卷第十一)

持不同主張的人，祇有朱熹。朱熹主張太極爲理而不是氣。因此他主張理生乾坤，氣生天地。乾坤爲形而上之理，天地爲形而下之氣。但是按照朱子的主張，太極不是天地萬物之元，而是萬物所以成爲物之理，在萬物以內。有的天主教人士，認爲朱子所說太極爲理，和天主教的士林哲學解釋天主爲形上精神體相同，實際上則兩者完全不相同。因爲朱子主張理和氣不相離，太極不是先天地而有之獨立的理。朱子的理和柏拉圖的先天觀念也不相同，柏拉圖的先天觀念是獨立存在，朱子的理不獨立存在，而是和氣同在物以內。

丙、太極為虛無

太極既是氣的本體，氣的本體是虛無，太極自身便是虛無，並不是不存在，而是說沒有形狀，不確定，乃是渾渾淪淪。

太極無形；形狀爲每一物體本性所有，太極在氣成形以前。有形生於無形，因爲既然有了形，再變爲物，則物之形爲外加的，便不是本體的形了，物體沒有本形便不成爲物，就變成了佛教的思想，張載說：

「太虛無形，氣之本體。其聚其散，變化之客形耳。」（正蒙　太和）

太極的本體不確定，因爲不定，便可以變爲每件確定的事物。假使太極是確定體，便不能變易了。中國的宇宙本體論，是由不定變到定。唐君毅先生說：「故今日吾人所見之芸芸總總之萬物，其界劃若已分明者，溯其本原，應由界劃未分明者而生。……中國則有天地萬物生於一元氣或氣，或太初之混沌之說。而漢儒之謂太極爲元氣或氣，亦卽將此型之思想，與太極之名辭概念相結合而成者也。」❺

太極生陰陽；太極虛無，沒有形，不確定，乃能變易，在生身涵有一切變易之理。變易之理的最基本的，爲動靜之理，也就是正負之理。由動靜正負之變易便生陰陽。

「太和所謂道，中涵浮沉升降，動靜相感之性。是生絪縕相盪，勝負屈伸之始。」（正蒙 太和）

因太極不完全是物質。在中國哲學裏物質和精神的分別，不像士林哲學那樣清晰鮮明，太極無形，按中國哲學的分類，太極便不是物，而是神。神不是宗教的神靈，祇是本體論上的精神。

「太虛為清，清則無礙，無礙故神。反清為濁，濁則礙，礙則形。」（正蒙 太和）

然而太極之精神性，並不排除物質性，因爲氣分淸濁，濁氣和淸氣同是由太虛所生。太極生陰陽兩儀，兩儀生四象，四象生八卦，八卦生六十四卦。六十四卦代表萬物，萬物便是太極而生。

太極生萬物，生字怎麼解釋呢？生字不是從無中創造的意思，也不是父母生兒女的意思，而是普通所謂的產生。太極產生了萬物，萬物是太極所產生的；卽是說太極是因，萬物是果。

太極究竟怎樣產生萬物呢？太極是由變易而產生萬物。太極自身不定，常有變易，變易而生陰陽，陰陽相結合而成物。太極生萬物，不是直接產生萬物，乃是間接由陰陽而生萬物。陰陽之氣在萬物以內，太極則不在萬物以內。朱子所說太極在萬物裏面，那是因爲朱子以太極爲理。

一物化了，再不存在，陰陽之氣相分離，回到太虛裏，就是回到太極。張子說：

「太虛不能無氣，氣不能不聚而為萬物，萬物不能不散而為太虛。循是出入，是皆不得已而然也。」（正蒙 太和）

這種聚散之道，便是易經所講宇宙變易的循環。易經最注重這種循環的原則，由天道用之於人事。

太極變易而生萬物，循環不息；這是易經所謂生生之易。生生之易，乃是太極變易的表現。儒家稱之爲天地之道，又稱之爲天地之化育。太極和萬物的關係，就是太極生生不息的能力，使宇宙萬物生生不息。

3. 理

甲、理與道

在民主評論雜誌上，曾有兩篇討論「道理」的文章。第一篇是錢穆先生的演講辭，第二篇是嚴靈峯先生批評錢穆的辯論文。

錢穆的主張，以爲：「大體言之，中國古代思想重視道，而中國後代思想則重視理。大抵東漢以前重講道，而東漢以後則重講理。……道究竟是甚麼呢？……道指的是由這裏往那裏的一條路。可見道應有一個嚮往的理想與目標，並加上人類的行爲活動，來到達完成此項理想與目標者始謂之道……開始特別提出一理字，成爲中國思想史上一突出觀念，成爲中國思想史上一重要討論的題目者，其事始於三國時王弼。王弼注易經，說：物無妄然，必有其理。這是宇宙一切萬物，決不是隨便而成爲這樣的，宇宙萬物，必有其一個所以然之理。」❻

錢穆因此主張：理在先，一成不變；道創生，變動不居。

嚴靈峯批評錢穆以爲：「似『理』之一字，並非王弼開始特別提出的。先秦典籍中，言『理』的很多。」又說：「在中國古代的思想家看來，道在先，一成不變。……因此，理由道而生，道因理而見。」[7]

錢穆答覆嚴靈峯說：「關於第一點，拙文謂中國古代思想重視道，但並非說他們不說理。又說後代思想重視理，亦並非說他們不說道。關於第二點，理在先，一成不變，道創生，變動不居云云，非拙文私見如此分別，乃概括先秦以下及於宋明人意見如此。」[8]

「理」與「道」，在中國思想裏，很不容易劃清各自的界說，常常互相代用。而且各家對於「道」，意見也不完全相同，我們於今只就儒家的思想，簡單討論「道」和「理」。

A 在宋朝理學家以前

「道」和「理」不成爲哲學上的專門的名詞；宋朝理學家既講性理，講理氣，「理」纔成爲哲學上的專門名詞。

在「理」沒有成爲哲學上的專門名詞時，古書中多用「道」，少用「理」，而且道的意義廣，理只是道的一種。

易經說：「形而上者謂之道，形而下者謂之器。」（繫辭上 第十二）道的這一條界說，廣泛極了，但是我們至少要加以限制，以「形而上」和「道」，並不相等，「道」是形而上，一切的形而上則並不一定是「道」。易經所說的道，有乾道，坤道，天道，地道，人道，包括宇宙一切事物之道。

中庸說：「天命之謂性，率性之謂道，修道之謂教。」(第一章)大學第一句話，即說：「大學之道，在明明德。」儒家因此講聖人之道，講爲人之道，以至於說：「道也者，不可須臾離也，可離非道也。」(中庸 第一章)

至於理呢？理則是事物是非之所以然，易經繫辭傳說：「易簡，而天下之理得，而成位乎其中矣。」(易上傳 第一)說卦說：「窮理盡性，以至於命。昔者聖人之作易也，將以順性命之理。」(說卦 第一章)

天下之理和性命之理，當然是形而上的，所以也可稱爲道。而且易經所說：「一陰一陽之謂道。」這個「道」就是同於「理」，道的涵義所以較理爲廣。

B 宋朝理學家以「道」爲行動之途徑

對於這一點，朱子說得很明白。他說：

「道，訓路，大概說人所共由之路，理，各有條理界辮。因擧康節云：夫道也者道也。道無形，行之則見是事矣。如道路之道，坦然使千億萬年行之，人知其歸者也。」(朱子語類 卷六)

然而若僅以道爲行動的途徑，對於道無形，爲形而上，很不好解釋，朱子乃以道爲行事的道理。

「道者，古今共由之理，如父慈，子孝，君仁，臣忠，是一箇公共底道理。」

（朱子語類　卷三九六）

朱子不單以道爲行事之理，有時且以道卽是理，他說：

「形而上者謂之道，形而下者謂之器。道是道理，事事物物皆有箇道理，器是形迹，事事物物，亦皆有箇形迹。有道須有器，有器須有道，物必有則。」

（朱子語類　卷七五）

C　道是行動的原則

無論在宋以前，或在宋明理學盛行時，道和理的分別，在中國儒家的思想裏，可以由體用兩方面去求，朱子說：

「問其體，則謂之性；其用則謂之道。曰：道，只是統用此理，不可便以道為用。仁義禮智信是理，道便是統言此理。」(朱子語類)

以道爲用，旣然不對；以理爲體，也是不對。「理」是事物本體的所以然之「理」，「道」爲在行動時該有的「理」。在西洋士林哲學上，有 Ratio Esssendi 和 Ratio Operandi，前者可相當於「理」，後者可相當於「道」。

天地有天地的行動，因此有天地之道；聖人有聖人的行動，因此有聖人之道；君子有君子的行動，因此有君子之道；小人也有小人的行動，因此也有小人之道。聖人和君子小人都是人，在本體方面！都有人所以爲人之理，他們的分別，只是在行動方面；因此聖人之道，卽是聖人所以成爲聖人之理；君子之道，卽是君子所以成爲君子之理；小人之道，卽是小人所以成爲對人之理。

可是行動的原則，不該和行動的規律方式相混合。古人說道是道路，道路應該指行動原則，若是指行動的規律和方式，則「道」便不能是形而上了。原則是原理按着原理而定規律和方式，原理爲形而上，爲先天的，爲一成不變。規律和方式爲後天的，爲人所創造的，爲隨時代變動。因此我們不能同意錢穆所說，道是人所創生的，變動不居。中國古人所謂人能宏道，人能發揮聖賢之道，或說古之道不能行於今，都是說發揮行動人原則，而使之成爲日常生活的規律方式，古代的生活規律方式，因此便不能適用於今日的日常生活；並不是說，人的生活原則可以隨時創生，隨時變動；不然後代的儒家，滿可以說父子之道，不在於慈和孝，君臣之道，不在於禮和忠了。然而天地之道，君子之道，在儒家的思想裏，千古如一！

乙、理

「道」既是行動之理，人的行動屬於倫理界，中國前期儒家只論倫理不談本體論的哲學，因此多談「道」。然而易經一書，藏有儒家的宇宙論，易經便也談「理」。儒家的本體論，到宋朝理學家時，纔正式討論，成爲哲學的重心。「理」也是到了理學家時，纔成爲哲學上的專門名詞。

A　理爲事物之所以然

在通常的日用語言裏，理是理由，是一樁事或一個物體的所以然，但是在古書中，理字常有條理分明的意義。荀子在非十二篇說：「其持之有故，其言之成理。」「故」是理由，是證據；「理」則是文理，是把理由，說的有次序有條理。荀子在非相篇也說：「小篇而察，見端而明，本分而理。」這個理字，也是理由的條理分明。仲尼篇說：「福事至則和而理，禍事至則靜而理。」這處的理字，則有處理得宜的意義。然而儒效篇中，荀子說：

「言必當理，事必當務，是然後君子之所長也。凡事行，有益是理者立之，無益於理者廢之；夫是之謂中事，凡知說，有益於理者為之，無益於理者捨之：夫是之謂中說。」

這處的「理」字，便是義理，道理，事情之所以然，和事情之當然。荀子書中，還有一處，理字的意義，有點異乎尋常。他在王制篇說：

「故天地生君子，君子理天地。君子者，天地之參也，萬物之揔也，民之父母也。無君子則天地不理。……始則終，終則始，與天地同理，與萬世同久，夫是，謂之大本。」

「理天地」，「與天地同理」，這個理字，不僅是合理的意思，而是有天理昭明的意思。君子使天地之理，昭明於人世，君子乃與天地之理，同樣長久。這個理字，和中庸的「窮理盡性」，意義相近了。

B 理爲天地之理

古書裏多言天道，少言天理。易經恒卦彖曰：「天地之道，恒，久而不已也。利有攸往，終則有始也。」朱子的註釋曰：「久於其道，終也，利有攸往，始也。動靜相生，循環之理，然必靜爲主也。」天地之道，在於恒；恒在於循環之理。天地之道，所以是天地之理。

易經謂「一陰一陽之謂道」，陰陽之道卽天地循環之理，朱子說：「蓋上天之載，無聲無臭，其體則謂之易，其理則謂之道，其用則謂之神，其命於人則謂之性。」（朱子語類）

程伊川解釋易經的恒卦，更明白說出天地之理：

「天下之理，終而復始，所以恒而不窮。恒非一定之謂也，一定則不能恒矣。惟隨時變易，乃常道也。天地常久之道，天下常久之理，非知道者，孰能識之。」（伊川 易傳 近思錄卷一）

程明道也說：「天地萬物之理，無獨必有對，皆自然而然，非有安排也。」（近思錄 卷一）二程子是理學家中，特別提出「理」字的。爲講「理」字，先自天地之理，而後到人性之理。朱子說過：天地之理謂之道，天地之理在於人者則謂之性。天地之理，指的是甚麼呢？錢穆把天地之道，和天地之理分成兩事，他說：「天道雖不可知，而天理則可知。道之背後應有一主動者，而理則是一切事物之所以然，在理的背後，更不必求一主動者。……故朱子要說，理卽是上帝，上帝也由理爲主了。因此宋儒說天理，那是理的地位高過了天，天理的天字，只成爲理的形容詞，與古人說天道絕不同。」（民主評論第六卷第二期第三三頁）理與上帝的關係，在這裏我們不暇討論；但是朱子明明說：「上天之載，無聲無臭，……其理則謂之道。」程子也明明說：「天下之理，終而復始，……惟隨時變易，乃常道也。」怎麼於今能夠斷定「宋儒說天理……與古人說天道絕不同」呢？錢穆把道字限制於變化的過程，竟以過程爲形而上；他不知道古人說天道，除變化外，還指着變化之理，理纔能爲形而上，變化的過程，則已是形而下。所以宋儒所說的天地之理，卽相當易經的天地之道，卽是天地運行的道理。

宋儒既然以天地之理之在人者爲人性，因此便以人性之理，也稱爲天理。朱子和王陽明便常常講這種天理。

C　理爲物之所以爲物

朱子以天下萬物：由理氣而成，他說：

「天地之間，有理有氣。理也者，形而上之道也，生物之本也。氣也者，形而下之氣，生物之具也。是以人物之生，必禀此理，然後有性；必禀此氣，然後有形。」（文集　卷五十八　答黃道夫書）

天地間的萬物，都由陰陽之氣，凝聚而成。陰陽怎麼樣凝聚而成一物呢？因爲有凝聚成此物之理。理是指定氣的凝聚的，是這物所以成這物的所以然。於今我們再略爲分析理的特性。

（a）理是形而上　形而上，可以說是在有形以前，可以說是超出形像以上，也可以說是沒有形像。理是形而上，這一點，是中國歷代的儒家所公認的。朱子明明說：「理也者，形而上之道也。」不單是天地之理爲形而上之道，每個物體的理，也都是形而上之道；因爲形是由氣而成，無論講理氣未合之「理」，或是講理氣已合之「理」，理都是形而上。

（b）理爲性　朱子說：「性卽理也，在心喚作性，在事喚作理。」（朱子語類　卷五）物體之所以是這個物體，而不是別個物體，是在於自己的物性。物性之成，卽在於理。程伊川有朱子同樣的話：「性卽理也。」（近思錄　卷一）

（c）理與氣相分別　理氣既是二元，理氣當然相分離。理是理，氣是氣，各不相混。在實際上，理氣合成一物，彼此不相分離：但是理氣則各爲物的一元

「所謂理與氣，決是二物。但在物上看，則二物渾淪，不可分開，各在一處。然不害二物之各為一物也。若在理上看，則雖未有物，而已有物之理；然亦但有其理而已，未嘗實有是物也。」（朱熹答劉叔文書）

反對二元論而主張一元論的人，則以理氣不相分，理包含在氣之內。理氣的分離，是一種理論上的分離，而不是實有的分離。黃宗羲所以說：「天地之間，只有氣，更無理。以氣自有條理，故立此名耳。」

朱子則以爲理氣不相分離而有分別；常相合沒有先後，而理在理論上是先於氣。

「天下未有無理之氣，亦未有無氣之理。」（朱子語類　卷一）

「理氣無先後之可言；然必欲推其所從來，則須說先有是理。」（朱子語類　卷一）

丙、天　理

A　書經的天道

古書言天道，以書經爲始。王船山註釋「尙書」「多士」篇說：「這道者，必以天爲宗也，必以人爲其歸。」❾書經講天道，以天道爲上天授予人的生活規律，和天命的意義不同。書經天命，以天所授予一個人的使命和行動規則；天道是對一般人設立的，天命則是對一個人所規定的。

孔穎達「尙書序」說：「伏羲神農黃帝之書，謂之三墳，言大道也。少昊顓頊高辛唐虞之書，謂之五典，言常道也。至于夏商周之書，雖設教不倫，雅誥奧義，其歸一揆」。

尙書「大禹謨」說：「滿招損，謙受益，時乃天道」。

尙書「益稷」說：「帝庸作歌曰：勑天之命，惟時惟幾」。

尙書「湯誓」說：「有夏多罪，天命殛之」。

尙書「湯誥」說：「天道福善禍淫，降災于夏，以彰厥罪，肆臺小子，將天命明威，不敢赦。」

尙書「仲虺」說：「欽崇天道，永保天命。」

尙書「盤庚上」說：「先王有服，恪遵天命，玆猶不常寧，不常厥邑，于今五邦。今不承于古，罔知天之斷命。矧曰：其克從先王之烈，若顚木之有由蘖，天其永我命于玆新邑，紹復先生之大業，底綏四方。」

B　易經的天理

由天道而轉到天理，當以莊子爲第一人。唐君毅先生論莊子書中的「理」字說：「其理之主要涵義，乃在其言天理或天地萬物之理。」❿唐先生引據莊子書的天理：養生篇「依乎天理」，刻意篇「循乎天理」，天運篇「順之以天理」，盜跖篇「從天之理」，禦水篇「未明天地之理」。唐先生結論說：「莊子所謂天地萬物之理，卽天地萬物之變化，往來，出入，成毀，盈虛，盛衰，存亡，生死之道。」⓫

易經的傳和莊子的思想接近，易傳所講的乾道坤道，天地之道，乃是乾坤天地變化之理。以這種變化之道，以範圍人的生活，因此便稱為道，把宇宙的形而上之道和人生的倫理之道互相結合，結成了天道和人道，道心和人心，範圍了後代的儒家。

「大哉乾元，萬物資始乃統天。……乾道變化，各正性命。」(乾卦)

「初六，履霜堅冰，陰始凝也，馴致其道，至堅冰也。六二，方大不習無不利。象曰：六二之動，直以方也。不習無不利，地道光也。」(坤卦)

「乾道成男，坤道成女。乾知大始，坤作成物。乾以易知，坤以簡能。」(繫辭上　第一)

「易簡而天下之理得矣。天下之理得，而成位乎其中矣」。(繫辭上　第一)

「一陰一陽之謂道，繼之者善也，成之者性也。仁者見之謂之仁，知者見之謂之知，百姓日用而不知，故君子之道鮮矣。」(繫辭上　第四)

「辭也者，各指其所之易與天地準。故能彌綸天地之道。仰以觀於天文，俯以察於地理。是故知幽明之故，原始反終，故知死生之說。」(繫辭上　第三)

「昔者，聖人之作易也，將以順性命之理，是以立天之道，曰陰與陽；立地之道，曰柔與剛；立人之道，曰仁與義。」(說卦　第二)

易傳解釋卦爻的變化象徵宇宙的變化，宇宙的變化具有變化之道。宇宙變化萬千，好比六十四卦所有的爻，變化複雜；但是這千千萬萬的變化都是以乾坤兩卦變化之道爲基礎。乾坤之道因此稱爲天地之道，「易與天地準，故能彌綸天地之道。」

王船山說：「周易之書，乾坤並建以爲震，易之體也。六十二卦錯綜乎三十四象而交列焉，易之用也。……屯蒙以下，或錯而幽明，易其位；或綜而往復，易其幾；互相易於立位之中，則天道之變化，人事之通塞，盡焉。」⑫

易經在最初只有乾道坤道，後來摻入陰陽，陽爲乾，陰爲坤，每卦都由陰陽兩爻結合而成，便很明顯地把一切變化之道都歸合到陰陽的變化。自漢以後，儒家以陰陽五行解釋易經，造成了卦氣的種種圖解；王弼註易，一掃這些邪說，提出易經的義理，保持陰陽的變化之道。宋朝理學家由周濂溪開端，將宇宙的變化都包含在陰陽變化以內。「無極而太極，太極動而生陽，動極而靜，靜而生陰，靜極復動，一動一靜，互爲其根。……五行一陰陽也，陰陽一太極也。……乾道成男，坤道成女，二氣交感，化生萬物，萬物生生，而變化無窮焉。」(周濂溪集)

C　理學家的天理

周濂溪在太極圖說沒有說到「理」，祇引易經的話：「立天之道，曰陰與陽，立地之道，曰剛與柔，立人之道，曰仁與義。」在通書裏說：「天道行而萬物順，聖德化而萬民化，大順大化，不見其迹，莫知其然謂之神。」(順化　第十一)

張載的正蒙也講「道」和「天道」。正蒙的第一句話卽是：「太和所謂道。」王船山註說：「太和、和之至也。道者，天地人物之通理，卽所謂太極也。」「太和篇」又說：「天道不窮，寒暑也；衆動不窮，屈伸也。」「天道春秋分而氣易，猶人一寤寐而魂交。」「以是知萬物雖多，其實一物無無陰陽者。以是知天地之變化，二端而已矣。」正蒙的第三篇名爲「天道篇」，開端說：「天道四時行，百物生，無非至敎；聖人之動，無非至德，夫何言哉。」「神化篇」篇首說：「神，天德；化，天道；德其體，道其用。」最後一篇「乾稱篇下」說：「天包載萬物於內，所感所性，乾坤，陰陽二端而已。」「天性，乾坤，陰陽。」「天地生萬物，所受雖不同，皆無須臾之不感，所謂性卽天道也。」「若道，則兼體而無累也。以其兼體，故曰一陰一陽，又曰陰陽不測，又曰一闔一闢，又曰通乎晝夜。語其推行，故曰道；語其不測，故曰神；語其生生，故曰易；其實一物，指事異名耳。」

程明道曾說：「夫天地之常，以其心普萬物而無心；聖人之常，以其情順萬事而無情。」（答張橫渠書）

程明道曾告韓持國說：

「道卽性也。若道外尋性，性外尋道，便不是聖賢論天德。」（端伯傳師說　二程全書　遺書第一）

「所以謂萬物一體者，皆有此理，只為從那裏來生生之謂易，生則一時生，皆完此理。人則能推，物則氣昏推不得，不可道他物不與有也。」（同上）

「言天之自然者，謂之天道；言天之付與萬物者，謂之天命。」（明道先生語一 二程全書 第十一）

「一陰一陽之謂道，自然之道也。」（明道先生語二 二程全書 第十二）

「天下之理終而復始，所以恒而不窮。恒非一定之謂也，一定則不能恒矣。惟隨時變易，乃常道也。天下常久之道，天地常久之理，非知道者，孰能識之。」（伊川註易經 恒卦）

二程的天道，和周子張子所講的天道意義相同。天道乃是自然之道，即是宇宙變化之道。這種變化之道在天地之間，也在人的心裏。

邵康節也說：「天生於動者也，地生於靜者也。一動一靜交，而天地之道盡矣。」（觀物內篇）

朱熹講天理，雖也是講宇宙變化之理；但他的講法則不相同。他把理和氣相分，作為宇宙萬物的二元，理在宇宙萬物中祇是一個。

總結上面歷代學者對於天道天理的主張，可以分成兩系：一系是書經的天道，一系是易經的天道或天理。書經的天道是上天對於人所定的規律，上天自己遵守，人當然更應遵守，天道和人道相連。易經的天道乃是宇宙變化之道，屬於形而上，易傳把這種宇宙變化之道，和書經的天道相貫通，因此便用之於人生，成了人道的根本。

丁、生生之理

A 天道為生生之理

易經講天道，以乾道爲剛，陰道爲柔；乾道爲動，坤道爲靜；乾道資始，坤道資生。這一切形容詞，都形容天道表現的德能，而不表示天道的意義。爲什麼乾道剛坤道柔呢？爲什麼乾道動坤道靜呢？天道的意義乃是爲萬物化生。生生之理，乃是天道或天理。

易經乾卦，「彖曰：大哉乾元，萬物資始，乃統天。」

王船山註釋說：「易之言元者多矣，惟純陽之爲元，以大和淸剛之氣，動而不息，無大不屈，無小不察，入乎地中，出乎地上，發起生化之理，肇乎形，成乎性，以與起有爲而見乎德，則凡物之本，事之始，皆此以倡先而起用，故其大莫與倫也。」⑬

坤卦彖曰：「至哉坤元，萬物資生，乃順承天。」王船山註釋說：「陰非陽無以始，而陽藉陰之材以生萬物，形質成而性卽麗焉。相配而合，方始而卽方生，坤之元所以與乾同也。」⑭

易經的天地之道，卽是坤之道；乾坤之道，在後代的註釋中，都解爲生生之道：乾道坤道相合而生萬物。

易經而且明明說：「生生之謂易」（繫辭上 第五）「天地之大德曰生」（繫辭下 第一）「夫乾其靜也專，其動也直，是以大生焉。夫坤其靜也翕，其動也闢，是以廣生也。」（繫辭上 第五）

宋明理學家根據易經這種思想，便常以天地之道在於化生萬物。周濂溪說：「天以陽生萬物，以陰成萬物。生，仁也；成，義也。」（通書 順化第十一）「天以春生萬物，止之以秋。秋之生也既成矣，不止過焉，故得秋以成。」（通書 刑第三十六）

張載易說解釋「乾，元亨利貞」說：「乾之四德，終始萬物，迎之不見其始，隨之不見其後，然推本而言，當父母萬物。明萬物資始，故不得不以元配乾。坤其偶也，故不得不以元配坤。」

二程全書上說：「生生之論易，是天之所以爲道也。天只是以生爲道。」（二程全書 遺書 第二 上）

程伊川說：「道則自然生道物，今夫春生夏長了一番，皆是道之生後來生長，不可道卻將既生之氣，後來卻要生長，道則自然生生不息。」（二程遺書 第十五）

程明道說：「天地之大德曰生。天地絪縕，萬物化醇，生之謂性，萬物之生意最可觀。」（二程遺書 第十一）

朱熹說：「天地以生物爲心，天包着地，別無作爲，只是生物而已。」（朱子語類　卷五十三）

戴東原說：「一陰一陽，蓋言天地之化不已也。一陰一陽其生生乎？其生生而條理乎？以是見天地之順，故曰一陰一陽之謂道。」（原善上　章三）「易曰：『天地之大德曰生。』氣化之於品物，可以一言盡也：生生之謂歟。」（原善上　章四）

天地之道既是萬物之理，萬物得着這種理而生，本身也就具有這種生生之理，這種生生之理在萬物是相同的。生生之理以陰陽相結合而成，陰陽結合應守剛柔動靜的原則，應按一定的位置：「天尊地卑，乾坤定矣」（繫辭上　第一）

這些原前，位置和次序，包含在生生之理以內，在萬物裡裏面自然而成。惟獨在人方面，則由人心去感應，由人自已去體驗，因此，生生之理在人方面乃稱爲仁。

B　生生之理稱爲仁

「仁」在儒家的思想裏乃是中心思想，孔子在論語裏以「仁」作爲全德，「仁人」作爲最高的人格。宋明理學根據孔子的思想，乃以天地之道就是仁。這種思想，易傳已經開其端：「天地之大德曰生，聖人之大寶曰位，何以守位？曰仁。」（繫辭上　第一）

張載曰：「天道四時行，百物生，無非至敎。聖人之動，無非至德，夫何言哉。天體萬物不遺，猶仁體四事無不在也。」（正蒙　天道）

二程遺書說：「醫家以不認痛癢謂之不仁，人以不知覺不認義理爲不仁，譬最近。」

（二程遺書二　上）

朱熹說：「要識仁之意思是一箇渾然溫和之氣，其氣則天地陽春之氣，其理則天地生物之心。」（朱子語類　卷六）

「仁是個生底意思，如四時之有春」（朱子語類　卷二十）

仁字和生字意義相同，在普通用語上也有，例如桃仁，杏仁，代表菓子核中的生命根源。仁字不單單是生，而且包括「生生之理」的原則、位置和次序。

戴東原說：「生生之呈其條理，『顯諸仁』也。惟條理是以生生。顯也者，化之生於是乎見。藏也者，化之息於是乎見。生者，至動而條理也。息者，至順而用神也。卉木之株葉華實，可以觀夫生。果實之白（卽核中之仁）全其生之性，可以觀夫息。」（原善上　章四）

「仁」除生生之理以外，還包含體驗這種生生之理的意義，在萬物以內，都有生生之理，但只有人能體驗這種生生之理；因爲人有心，人心虛靈神妙能知，而又能愛，乃能體驗生生之理。

朱熹說：「天地以生物爲心者也，而人物之生，又各得夫天地之心，以爲心者也。故語心之德，雖其總攝貫通，無所不備，然一言以蔽之，則曰仁而已矣。……或曰：程氏之徒言仁多矣，蓋有謂愛非仁，而以萬物與我爲一，爲仁之體者矣。亦有謂愛非仁，而以心有知覺，釋仁之名者矣。今子之言若是，然則彼皆非歟？曰：彼謂物我爲一者，可見仁之無不愛矣，而非仁之所以爲體之眞也。彼謂心有覺者，可以見仁之包乎智矣，而非仁之所以得名之實也。……抑泛言同體者，使人含胡昏緩而無警切之功，其弊或至於認物爲己者有之矣。專言知覺者使人張皇迫躁，而無沉潛之味，其弊或至於認欲爲理者有之矣。」（朱熹　仁說　朱子大全　卷六十七）

朱子贊成以萬物一體去解釋仁，怕不懂的人昏昏胡胡以物我同一，失去脩身進德的工夫，「而無警切之功」。後來王陽明的門生就有了這種流弊。但是理學家由仁而講宇宙萬物一體，則「生生之理」的「仁」所有的自然發展。

4. 氣

甲、易經論氣

中國哲學裏沒有一個觀念，較比「氣」的觀念更爲普遍，更爲廣泛，不僅是在哲學裏，就是在中華民族的生活裏，氣字也貫徹到生活的各方面，因此，在中華民族的思想裏，氣的觀念乃是一個基本的觀念。

從哲學方面去研究，在書經、詩經裏，氣字沒有哲學的意義。在易傳裏，氣字開始進入哲學。

易經講氣，常就陰陽而講氣。

「柔上而剛下，二氣感應以相與，止而說。」（咸卦彖辭）

「潛龍勿用，陽氣潛藏。」（乾卦象曰）

這兩處的氣字，和陰陽相連，即是陽氣和陰氣。這裏的陰陽已經不是書經、詩經所講的陰陽，而是宇宙變化的兩種元素；因此，氣也就有元素的意義了。但是易經卻沒有講氣的意義，更沒有說氣是宇宙萬物的元素。

「精氣為物，遊魂為變，是故知鬼神之情狀。」（繫辭上　第四章）

這一段話是講鬼神；鬼神的本體爲精氣，鬼神的變爲遊魂。遊魂不是指着宗教信仰上所說的沒有安所的遊蕩之魂，是指着鬼神的變動無形無跡，迅速不可測。精氣指着什麼呢？秦朝呂氏春秋，講精氣，漢朝淮南子講精氣，精氣應該是氣之精，即是最純淨最精明的氣。這種思想在易傳裏出現，易傳便不能是孔子的手筆。所以我相信易傳作於孔子的弟子和再傳弟子。從上面幾個氣字，我們可以說易傳已經以氣爲宇宙物體的元素，祇是沒有說明。

乙、戰國時代—氣的觀念

在書經、詩經裏，氣指着雲氣和節氣。到了戰國，氣字和在易傳裏一樣，有了哲學的意義了。

戰國時講氣者，有莊子，有孟子。氣在莊子的思想裏，非常重要。莊子講泰初之氣。

「雜乎芒芴之間，變而有氣，氣變而有形，形變而有生。」(至樂篇)

泰初之氣由道所變化，氣，變成物形，形而後有物。

「通天下一氣耳，故聖人貴一。」(知北遊)

氣構成人的形體，也構成人的靈明。莊子養生，便是養氣。孟子也講養氣；但是孟子所講和莊子不同。孟子說：「氣，體之充也。」(公孫丑上) 人若善養氣，可以成爲浩然之氣，充塞天地。孟子的養氣，爲精神生活，爲心理的作用。因此以志爲氣之帥。

鄒衍爲戰國末期宣揚陰陽五行的學者，他的書已經失傳，祇在呂氏春秋保存一些片段的思想。鄒衍倡五德終始說，五德和五行相配，五行爲陰陽兩氣的結合，氣便成爲宇宙萬物的元素。

呂氏春秋一書裏，充滿了氣字，十二紀篇講述四季十二月；有天氣地氣，生氣殺氣，陽氣陰氣。四季十二月的分別，完全在於這幾種氣的盛衰，這幾種氣雖說有名稱的不同，實際上祇是陰陽兩氣。

「孟春之月……是月也，天氣下降，地氣上騰，草木繁動……」（呂氏春秋 卷一 正月紀）

「仲夏之月……是月也，長日至，陰陽爭，死生分，……」（呂氏春秋 卷五 五月紀）

「仲秋之月……是月也，……殺氣浸盛，陽氣日衰。……」（呂氏春秋 卷八 八月紀）

陰陽兩氣週遊於天地，互有盛衰，陽盛則陰衰，陰盛則陽衰，週而復始循環不已。易經講宇宙變易時，以陰陽爲元素以剛柔爲動力；呂氏春秋講宇宙變化，以陰陽兩氣爲元素，不講剛柔。在戰國時代，陰陽已成爲氣的兩種，氣的意義，乃是構成萬物的元氣。但是在呂氏春秋裏，還沒有關於氣的本體之說明。

丙、漢朝—氣的觀念

漢儒董仲舒在春秋繁露裏，提出了「一」和「元」的觀念，講到了「元氣」。

「謂之一者，大始也。」（春秋繁露　卷三　玉英）

「是以春秋變一之謂元，元者，猶原也，其義以隨天地終始也。」（春秋繁露　卷五　重政）

天地變化，應該有原始開端，易經以原始爲太極。董仲舒不講太極，祇講元氣，爲天地變化的原始：

「天地之氣，合而為一；分為陰陽，判為四時，列為五行。」（春秋繁露　卷十三　五行相生）

易經所講宇宙變化的歷程，爲太極，兩儀，四象，八卦。董仲舒所講宇宙變化歷程爲一氣，陰陽，四時，五行。一氣相當於太極，一氣稱爲元氣。

元氣在漢朝學者的思想裏，不僅指着未分陰陽之氣，也指着天地根本之氣，漢朝道家和道教特別注意這種思想。人在出生時，禀有天地的元氣，又禀有父母的精氣，精氣常消耗，元氣也漸損失。爲能常保生命，須用方法以固存元氣。

淮南子的思想，偏於道家。淮南子講宇宙變化程序，和列子所講的變化程序相同，又和莊子的思想相合。列子以太易爲宇宙變化的原始，老子、莊子以道爲變化的原始，淮南子以「一」爲變化原始，一卽是泰一，相當於易傳的太極。所謂太易，或道，或太一，都是「未見氣也」（列子　天瑞篇），沒有形跡，「故曰太昭」。（淮南子　天文訓）沒有有無的對立，「未始有夫未始有無者。」（淮南子　俶眞訓）。道或太易或太一以下爲氣，列子稱爲太初，「氣之始也。」（列子　天瑞篇）淮南子說「視之不見其形，聽之不見其聲。」（淮南子　俶眞訓）這種太初之氣，未分陰陽，沒有形跡；然而已經是「有」，老莊以有生於無，無是道，有是氣。太初之氣，「浩浩瀚瀚」。

淮南子講和氣。和氣爲天地之氣，有似於董仲舒的元氣；但是和氣的功效，是在於使天地和諧，萬物化生，也使人的心靈安寧，耳目聰明。人的精氣則爲最純淨的氣，在人成爲精神，發爲心靈的動作，和天地精氣相感應

揚雄以玄爲宇宙萬物的原始，玄因變化而發生陰陽二氣。但是他所注意的，是太玄的數理，不談氣的觀念。

王充則很注意氣；他是自然主義者，以宇宙一切都是氣的變化。

「天之動也，施氣也。體動，氣乃出，物乃生矣。」（論衡　卷十八　齊世篇）

「上世之天，下世之天也，天不變易，氣不更改。上世之民，下世之民也，俱

稟元氣。元氣純和，古今不異。……萬物之生，俱得一氣，氣之薄渥，萬世若一。」（論衡 卷二十 論死篇）

天地之氣乃是元氣，元氣化生萬物，人生時，稟有元氣，又稟有精氣。精氣結成人的身體百官，也是人生命的動力，精神消滅，生命也就死滅了。

「人之所以生者，精氣也。死而精氣滅。能為精氣者，血脈也。」（論衡 卷二十論死篇）

王充關於氣的思想，和淮南子關於氣的思想很相似，兩漢的思想，以易學爲代表；漢易的基本觀念爲卦氣。卦氣的氣，爲宇宙進行的氣。漢朝易學把易經六十四卦的變化，套入一年的季節和日數。一年代表天地變化的一個程序，一年的變化由陰陽兩氣的變化而成。陰陽兩氣貫通萬物。無論一日、一月、一候、一節、一季，都是陰陽兩氣結合時的變化，易經六十四卦本來是代表宇宙的變易，六十四卦的變易，在於陰陽兩爻在結合時所有的變化。因此漢朝京房，虞翻等人，便把六十四卦的爻，和一年的日月節候相配合，結成一個天地變化的系統。這個變化系統的中心，是氣，氣，爲宇宙萬物的元素。漢朝道家和儒家不僅以氣爲哲學方面的元素，也認氣爲萬物在物理方面的元素。在古代時，自然科學和哲學不分，哲學的物質元素，也認爲物理的物質元素。漢朝人以天地萬物由氣而成，不僅是從哲學的抽象方面去講，也是從物理的具體方面講。氣不僅是一抽象的元素，而是一種具體的物理元素。因此，漢朝人講人的相，講與地的方位，講人的五臟，講音樂的聲音，一切都是由氣而結成。占卜術要講氣的陰陽五行，醫學要講氣的陰陽五行，音樂要講陰陽五行。這樣一來，氣的觀念更複雜了。

在最古的時候，氣指着雲氣濕氣，爲一種略有形跡的物質。印度古代哲學以物體的原素爲極微體，氣可以說是一種極微體。人的生命在於呼吸，呼吸一停止，生命就滅了。呼吸是呼吸氣；因此古人以人的生命由氣而成；淮南子和王充說是精氣。

「天地合氣，萬物自生，猶夫婦合氣，子自生矣。」（論衡 卷十八 自然篇）

「壽夭之命，以氣多少為主性也。」（論衡 卷一 氣壽篇）

天地也由氣而成，天有天氣，地有地氣。又有元氣週遊於宇宙之內，元氣有似乎空氣，然又不是空氣。天地的元氣和人的元氣相通。漢朝人乃相信天人感應說。人行事的正氣或邪氣，感召宇宙間元氣的正氣或邪氣，同類相感。宇宙的邪氣，在天地間造作災異；宇宙的正氣，在天地間產生祥瑞。

中國古人相信宇宙爲一活躍的整體，產生生命，繼續不息。生命的元素爲氣，宇宙便是一個氣的整體。氣在變化時，神妙莫測，化生各種物體。

氣是什麼呢？是一種極微的原素，常活動不居，週遊流轉。

魏晉南北朝的道敎，繼承漢朝人對於氣的思想，專講長生之術。葛洪說：

「夫人在氣中，氣在人中。自天至於萬物，無不須氣以生者也。善行氣者，內以養身，外以却惡。」（抱朴子 內篇卷五 至理）

道敎的氣，不是哲學方面的元素，而是人的物理和生理的元素，長生術爲物理和生理的方法，從實質上求人的長生。

丁、宋朝—氣的觀念

宋朝理學以易經爲根本，理學家解釋易經則完全不取漢朝易學的途徑。漢朝易學以占卜爲目的，以卦氣爲方法；理學家解釋易經，目的在於講哲學，不談卦氣。氣字在宋朝理學，正式成爲哲學的術語。

宋朝理學家正式論氣的，是張載。張載受周敦頤的影響；周子曾作太極圖，以無極爲太極，太極便是虛無。張載乃倡太虛之氣。

「太虛無形，氣之本體。」（正蒙　太和）

「太虛者，氣之體。」（正蒙　乾坤）

張載的宇宙論，以太虛爲原始，太虛相當於太極。太極爲虛，爲無形；然而太虛不似道的虛無，太虛已經是有，太虛之有就是氣，所以稱爲太虛之氣。

太虛爲氣之本體；所謂本體，指着氣的本性，氣本來是虛；又可指着尚未分爲陰陽之氣，「太虛者，氣之體，氣有陰陽屈伸相感之無窮。」氣常變化，變化乃分爲陰陽五行，然而未分陰陽之氣，爲本然之氣；本然之氣便是太虛之氣。

「太虛不能無氣，氣不能不聚而為萬物，萬物不能不散而為太虛。循是出入，是皆不得已而然也。」（正蒙　太和）

司馬光作潛虛，也曾說：

「萬物皆祖於虛，生於氣，氣以成體，體以受性。」

漢朝學者的宇宙論爲道家的宇宙論，宋朝理學家在開始時受道家的影響，周敦頤的太極圖係道教所傳；司馬光的潛虛和張載的太虛，也是從道家來的思想。

氣爲形體的成素，其本體怎樣能夠是虛呢？虛當然不是無，虛只是無形。無形便是形而上。易傳說：「形而上者謂之道，形而下者謂之氣。」（繫辭上　第十二）張載解釋說：「形而上爲無形體者也，故形以上者謂之道。形而下，是有形體者，故形以下者謂之器。」（易經下）太虛之氣既然沒有形體，便是形而上。

朱熹很反對這一點，他極力肯定氣是形而下。程頤也曾說：「有形總是氣，無形總是道」。（二程全書一　二程遺書六　二程語錄六）然而程頤曾主張眞元之氣。眞元之氣，雖不是太虛元氣，而是天地之氣，是否有形，並不明白。

朱熹承繼程頤的思想，主張理氣二元。凡是物，都由理氣合成。周敦頤和張載並不否認有理，但主張包含在氣以內。氣常變動，變動有變動之理；不然，宇宙的變化必定紊亂，一切都亂了。朱熹則主張理不在氣以內，而是常和氣相連，理和氣爲物的兩種元素。

「天地之間，有理有氣。理也者，形而上之道也，生物之本也。氣也者，形而

下之氣也，生物之具也，是以人物之生，必稟此理，然後有性；必稟此氣，然後有形。」（朱文定義文集　卷五十八　答黃道夫書）

理成物性，氣成物形。在朱熹的思想裏，氣爲形下的元素，有形跡，爲具體的成分。朱熹不談物體的物理和生理構造，只談本體方面的構造。在本體上，物體必須有性有形，形的元素爲氣。

氣是物質的或是精神的呢？氣既然是有形跡的，則就是物質的。然而人心也由氣所成，人心則是虛靈，而是也稱爲神。

「心者，氣之精爽。」（朱子語類　卷五）

「虛靈不昧以具衆理而應萬事。」（朱子語類　大學　明德性）

人心之氣便不能是物質，還有鬼神之氣也不能是物質，因爲鬼神也由氣而成，鬼神無形無像。

朱熹分析氣爲清氣和濁氣。清濁的觀念，張載已經開始。

「太虛為清，清則無礙，無礙故神。反清為濁，濁則礙，礙則形。凡氣清則通，昏則塞，清極則神。」(正蒙 太和)

張載以太虛之氣爲清；朱熹否認有太虛之氣，但主張氣分清濁。清濁和陰陽相關，陽氣爲清，陰氣爲濁；這種觀念，在易經裏略微顯出，在漢朝已經明顯。漢朝人以陽氣成人之魂，陰氣成人之魄，宋朝理學家接受了這種思想，朱熹便正式主張氣有清濁，而且以氣之清濁說明性的善惡。但是所謂清氣濁氣，則又不是直截了當的分類法，清濁是以程度而言，人的氣本是清秀之氣；然而每個人所稟的氣，又有清濁之分，稟有較清之氣的人，性善才高。稟有較濁之氣的人，性較惡才較低。

這樣一來，氣的本性怎樣，就不能講清楚了。張載以性的本體爲虛，當然是清。太虛之氣變化而有陰陽五行，乃有昏濁。朱熹不主張太虛；氣的性質便不能從本性方面去講，只能就實際上每一物的具體之氣去看；在具體上，氣必有清濁。

朱熹不承認有抽象的氣，氣是在物以內。有氣便有理，有理便有氣；理氣不分先後，理氣不能獨立存在。理氣相合，就是具體的物。

朱熹雖然常從物的本體方面去講氣，以氣爲物的本體之成素，是一個哲學觀念；然而也並沒有完全擺脫漢朝人的物理之氣和生理之氣。他講人性善惡時，以氣質之性有善有惡，善惡由氣而來。氣質之性由人的脾氣和才能而顯，脾氣和才能乃是生理和心理上的現實，氣便成了生理和心理的成素了。

朱熹的哲學思想，集中國哲學思想的大成。在他以後，明清的學者，雖然大都反對朱學，然而並沒有新的觀念。明末王船山宗張載，清朝李塨、劉蕺山都以理氣不分。

劉蕺山說：「盈天地間一氣也，氣則理也。或曰：虛生氣。夫虛卽氣也，何生之有？吾溯之未始有氣之先，亦無結而非氣也。」（劉子全書　卷十一）

在中國哲學裏，從戰國以來，氣的觀念日見重要。氣爲宇宙萬物的成素，氣以外沒有物。太極和道，只是兩個抽象的理想觀念，在具體上，宇宙一切都是氣。既然一切都是氣，氣的觀念就很複雜，另外是雜在物理、生理、心理的成素裏。因此，現在物理學，生理學和心理學，以及醫學，都沒有氣的形跡；我們的青年人便看中國哲學爲一團烏煙瘴氣，完全和科學相反，失去一切價值。究其實，在現在的科學時代，氣的觀念並不是不能存在，而且還是有哲學的價值。就如西洋士林哲學的「元形元質」，並不反對科學。我們若以氣爲物體的本體成素，不摻入物理和生理以內，氣的意義和「元質」相似，氣的觀念就可清楚了。

這種觀念應當是抽象的觀念，而不是具體的物質觀念，但是在物體以內有它的根基。氣爲物體的本體元素，不是物理元素，擺脫一切物理和生理的意義。氣的觀念，在今天還是具有哲學上的價值。

5. 陰陽

甲、宇宙變易

中國哲學從變易方面看宇宙萬物。古代的中華民族是農耕民族，農民的生活似乎沒有什麼變動，一年常一樣地在田地裏工作，可是農民的工作則常跟着宇宙的一種變易程序而進行。春耕夏耘秋收冬藏的工作，是跟着五穀的成長而做，五穀的成長爲農耕的目標，爲農民心目的注意點。五穀的成長不僅需要農民的工作，也需要天地的合作。天上的雨露和陽光，地上的水土和氣候，都要能和五穀的生長相調和。俗語說風調雨順，五穀豐登。天地的調和以四季而顯明。農民的操作，也常和四季相關。中國古代的曆法，爲月亮的陰曆；因爲月亮有圓缺，可以計算一年一月的氣節。於是一年四季便代表宇宙的變易。

四季的變易，在骨子裏只是冷熱的變易。一冷一熱互相繼續，互相調節，五穀乃能生長。漢朝的易學乃以六十四卦的卦和爻，配合一年的月季和日數。易經的卦本是宇宙變易的象徵；宇宙變易的實際運行，由四季而表現。四季的變易有冷熱兩種元素；六十四卦的變易有陽爻陰爻兩種元素。於是在漢朝易學裏，陽爻卽是熱，陰爻卽是冷。宇宙萬物的變易都由這兩種元素合成。

易經以卦爲變的象，卦由兩種爻而成，因爲變動的能，必定是兩。易經稱兩爲兩儀。兩儀在易經裏有幾個名稱：或稱爲陽爻陰爻，或稱爲乾坤，或稱爲天地，或稱爲剛柔，或稱爲動靜。陽陰指着兩種爻，乾坤指着兩種純卦。然而乾坤兩個名字的意義，由卦而伸到天地的德能，王船山說：

「乾坤者，在天地為自然之德。」（周易內傳　卷五　頁四）

天地在字面上指着上面的形天和下面的厚土；在易經裏則代表乾坤變化之道，也代表具體的乾坤；因此，易經常說天地合則萬物化生。剛柔則是陽陰的性質或特點。

乙、陰陽兩氣

在詩經裏有陰陽兩個字，兩個字的意義指着天氣和日光的溫暖明暗，就像現在普通常用「陽光」「陰暗」的名詞，沒有哲學的意味。在左傳裏已經有陰陽兩字運用，代表宇宙間的兩種氣。

易經有陰陽的名詞，例如：

「內陽而外陰，內健而外順。」（泰卦　彖辭）

「內陰而外陽，內柔而外剛。」（否卦　彖辭）

這兩段彖辭的陽陰，指着陽爻陰爻，同時也說明陽爻陰爻的性質，陽爲健，陰爲順；陽爲剛，陰爲柔。

「柔上而剛下，二氣感應以相與，止而說。」（咸卦　彖辭）

咸卦彖辭明白地說明「二氣」，二氣也就是剛氣柔氣；然而易經不說剛氣柔氣，而說陽氣陰氣。

「潛龍勿用，陽氣潛藏。」（乾卦　象辭）

「履霜堅冰，陰始凝也。」（坤卦　象辭）

陰陽兩氣，乃是由太極而生的兩儀。漢朝學者中有陰陽家，專講陰陽之術。陰陽之術不是陰陽兩氣的哲學思想，而是從曆象日月星辰，以推禍福。

呂氏春秋在十二紀中，列舉一年十二月的氣候，把陽氣列爲天氣和生氣，陰氣列爲地氣和殺氣。

黃帝內經說：「四季的更換，和陰陽的變化，是一切生活的基本條件。因此，聖人在春夏兩季注意培養生長的陽氣，秋冬兩季注意培養收藏的陰氣。」（四氣調神大論）人的四肢百體也由陰氣陽氣而成。

中國古代的醫學便以陰陽爲基本。淮南子的天文訓和俶眞訓兩篇講宇宙變化的文章裏，主張先有混冥的氣，次有天氣地氣，後有陽氣陰氣。陽氣陰氣相合，化生萬物。

「故至陰飂飂，至陽赫赫，兩者交接成和，而萬物生焉。」（淮南子　覽冥(形)）

董仲舒以天地之氣爲元氣，元氣分而爲陰陽兩氣。陰陽爲兩氣，在禮記書裏已經很明顯。春秋穀梁傳和春秋左傳，也有陰陽爲兩氣的思想。董仲舒在漢朝爲儒家的代表，關於陰陽的意義，前後相承。

「天地之氣，合而為一，分為陰陽，判為四時，列為五行。」（春秋繁露　卷十三　五行相生）

「陽氣煖而陰氣寒，陽氣予而陰氣奪，陽氣仁而陰氣戾，陽氣寬而陰氣急，陽氣愛而陰氣惡，陽氣生而陰氣殺；是故陽常居實位而行於盛，陰常居虛位而行於末。」（春秋繁露　卷十一　王道通）

陰陽爲兩氣，在漢朝已成定論。兩氣的性質互相對立，互相調協，互相完成。

漢朝儒家王充。他的思想和董仲舒的思想並不相同。董仲舒的思想和漢朝易學者的思想爲同系，王充則反卦氣反天人相應，自成一派。但對於氣，王充和董仲舒有些相同。他主張天地有元氣。有陰陽兩氣，且有精氣。

「上世之天，下世之天也，天不變易，氣不更改。上世之民，下世之民也，俱稟元氣，元氣純和，古今不異。」（論衡 卷十八 齊世篇）

元氣爲一氣，古今不異，陰陽則是兩氣，兩氣的性質不同。

「或曰：鬼神陰陽之名也，陰氣逆物而歸，故謂之鬼。陽氣導物而生，故謂之神。神者伸也，申復無一，終而復始。」（論衡 卷二十 論死篇）

陽陰兩氣，也卽是天地之氣。易經以天地合而萬物生，王充以天地之氣相合，萬物自然化生。

「天地合氣，萬物自生，猶夫婦合氣，子自生矣。」（論衡　卷十八　自然篇）

天地之氣，爲陽陰的氣，和男女的氣相同。這種思想由道教傳到宋朝，理學的第一位大師周敦頤接受了這種思想。也在太極圖說裏雖描寫的稍爲複雜，但在實際上他遵從易經和漢儒的系統。他說：

「太極動而生陽，……靜而生陰，……分陰分陽，兩儀立焉。……乾道成男，坤道成女，二氣交感，化生萬物。……」（太極圖說）

又說：

「立天之道，曰陰與陽；立地之道，曰柔與剛；立人之道，曰仁與義。」（太極圖說）

在太極圖說裏，陰陽有兩種意義。第一，陰陽是兩氣，第二，陰陽爲天地變化之道。易傳曾經說過：「一陰一陽之謂道。繼之者，善也，成之者，性也。」（繫辭上　第四）也說過：

「乾道成男，坤道成女。」（繫辭上 第九）易傳所說陰陽之道，指着陰陽爲變化的兩項元素，兩項元素的結合，就是宇宙變化之道；並不指着陰陽爲形而上之道。易傳所說乾道和坤道，指着乾坤的德能，成男成女。周敦頤的太極圖說引用易傳的話，意義和易傳相同。

張載也說：「由氣化有道之名。」（正蒙 太和）道爲氣的變化，也就是陰陽的變化。對於陰陽，張載主張爲氣：「氣有陰陽。」（正蒙 神化）

「陰性凝聚，陽性散發。陰聚之，陽散之。」（正蒙 參兩）

張載對於陰陽究竟係一氣的兩面，或係兩種氣，則不清楚。他有時說陰陽爲一氣的兩面觀，有時又說兩氣。

「一物而兩體，其太極之謂歟。陰陽天道，象之成也。」（正蒙 大易）

「一物兩體，氣也。一故神，兩故化。」（正蒙 參兩）

太極爲太虛，太虛爲氣的本體。太虛之氣有兩體，卽是陰陽。所謂兩體，應是兩種氣。然而張載以陰陽爲氣的聚散，「太虛無形，氣之本體。其聚其散，變化之客形耳。」（正蒙太和）氣聚，萬物化生；氣散，回歸太虛。「氣不能不聚而爲萬物，萬物不能不散而爲太虛，循是出入，是皆不得已而然也。」（正蒙 太和）這種聚散就不能解釋爲兩種氣了，只是兩種變化。

邵雍主張陰陽爲一氣：

「本一氣也，生則為陽，消則為陰；一者一而已矣。」（觀物外篇下之十）

程頤以氣爲形而下，以陰陽兩氣相對相感應。因此他也主張五行不是一氣，而是五物。

「天地之間皆有對，有陰則有陽，有善則有惡。」（二程全書二 二程遺書十五 頁十四）

朱熹則主張陰陽只是一氣：

「陰陽只是一氣，陽之退便是陰之生，不是陽退又別有個陰生。」（朱子語類

卷六五）

「陰陽雖是兩個字，然却只是一氣之消息，一進一退，一消一長。進處便是陽，退處便是陰。長處便是陽，消處便是陰。只是這一氣之消長，做出古今天地間無限事來，所以陰陽做一個說亦得，做兩個說亦得。」（朱子語類　卷七四）

朱熹的思想，以陰陽爲兩個變化，變化不是本體，而是本體的動作。本體爲氣，陰陽爲一氣的變化。王船山則以氣的本體就有陰陽在太虛時，陰陽沒有顯出來，氣一開始變化，便顯出陽氣陰氣。現在有學人以陰陽爲兩種動力，有如黑格爾的正反。然而陰陽又不是正反的動力，互相抵消，而是互相調協，互相完成。並不是有陽便沒有陰，也不是有陰便沒有陽；陰陽在一物內，同時存在。

6. 五　行

五行在中國哲學裏可以說是哲學意義最少的一個術語，但是在中國的學術裏則用得最廣，中國傳統的幾項學術裏，都有五行的位置，而且位置還很重要：哲學、醫學、音樂、天文、地理、占卜、命相等等，都以五行爲骨幹。因爲五行含有很少的哲學以及他種學術的意義，現代青年以五行爲迷信，爲無稽之談，便連帶輕看中國的傳統學術。

我們現在研究五行，和研究陰陽一樣，探求五行在哲學上的地位，加以應有的意義，按照這種意義，可以解釋五行在中國哲學的影響。

甲、漢以前的五行思想

五行的名詞，在尚書洪範篇裏有：

「箕子乃言曰：我聞在昔，鯀湮洪水，汨陳其五行。帝在震怒，不畀洪範九疇……初一曰五行……五行：一曰水，二曰火，三曰木，四曰金，五曰土，水曰潤下，火曰炎上，木曰曲直，金曰從革，土爰稼穡，潤下作鹹，炎上作苦，曲直作酸，作革作辛，稼穡作甘。」

洪範的五行，不含有哲學的意義，而是五種材料。金木水火土，乃日用的材質，各有自己的性質和功用。這些性質和功用，爲金木水火土天然所有，也都是形下的物質性，沒有哲學的價值。可是後來秦漢的五行說，卻把這些材質的五行和五行的物質性特性，引用到宇宙論。

首先引用五行的學術，應爲天文曆數，虞夏書堯典有命義和製定時曆，以東西南北配合春夏秋冬，又有皇帝四巡，雖然沒有五行的術語，然已經爲後來的月令舖路。

墨經下經有「五行毋常勝，說在宜。」似說五行彼此有相勝之道，後來鄒衍便有五德終始說。

左傳已有五行相勝之說，昭公九年，

「夏四月，陳災，鄭裨竈曰：五年，陳將復封，封五十二年而亡。子產問其故。對曰：陳，水屬也，火，水妃也，而楚所相也。今火出而火陳，逐楚而建陳也。妃以五成，故曰五年，歲五及鶉火，而後陳卒之，楚克有之，天之道也。故曰五十二年。」

火爲女的妃，火與水相合，水則能勝火。陳爲水，楚爲火，所以「逐楚而建陳。」左傳尚有多處，述說五行相勝的事。

周禮和禮記明白表示五行的思想，周禮祀五帝，「兆五帝於四郊」（春官尤宗伯）天官瘍醫說：「凡藥，以酸養骨，以辛養筋，以鹹養脈，以苦養氣，以甘養肉，以滑養竅。」禮記月令以五帝五味配十二月，再配五行。五行的思想已經有了系統，有了結構。但周禮和禮記係漢初的作品，反映漢初的思想。

從現有的文據看來，使五行思想成爲系統的人，應當是鄒衍。鄒衍倡五德終始說，史記封禪書說：「鄒衍以陰陽主運顯諸侯。」

五行思想正式的發表，則以呂氏春秋爲第一册書，書中有十二紀，爲全書的中心。十二紀和禮記的月令相同，列舉十二月的氣，音，味，出，以配合五行，結成一個系統，使五行成爲宇宙的樑棵，又進而爲人事的規律。皇帝的政令都要順着氣運。

乙、漢朝的五行思想

漢朝儒家的代表爲董仲舒，這種代表性並不是因爲董仲舒的思想很高很充實，而是因爲董氏的思想代表漢朝儒家思想的特性，以陰陽五行揉合在孔孟的仁義禮智。春秋繁露裏有九篇以五行爲篇名，五行爲氣，各有特性，連接成一系統，相生相尅，「木生火，火生土，土生金，金生水，水生木，此其父子也。」（春秋繁露　五行之義）「五行之隨，各如其序；五行之官，各致其能。是故木主東方而主春氣，火居南方而居夏氣，金居西方而主秋氣，水居北方而主冬氣。……土居中央，爲之天潤，土者，天之股肱也。」（同上）五行相勝；金勝木，水勝木，木勝土，火勝金，土勝水。這一切都是自然的現象，由自然的現象而取得現象的意義，構成五行的哲學系統。「天地之氣，合而爲一，分爲陰陽，判爲四時，列爲五行。」（春秋繁露　卷十三　五行相生）五行和一年四季，和天地四方互相配合，君主施政，隨順四時的氣運。班固的白虎通記錄當年漢章帝在白虎觀召開經學討論會的意見，書中充滿五行的思想，五行爲天所行的五氣，有相生相勝的次序，配合五味五臭五方和人事，再配合五常：仁義禮智信。

漢朝易學有卦氣說，孟喜以四正卦配四季，以十二消息卦配十二月，以四正卦的二十四爻配二十四節氣，以十二消息卦的七十二候，再以除去四正卦的六十卦的三百六十爻配一年三百六十五日，每一卦得配六日七分。把一年畫成一圓周形，把四正卦安置在東西南北四方，又配上春夏秋冬，然後配上五行，土居中央，震居東方，配春，配木；離居南方，配夏，配火；兌居西方，配秋，配金；坎居北方，配冬，配水。萬物萬事俱由氣而成，氣週流不息，凡是物，凡是事，一切都有五行，五行乃貫通一切。雖然王充反對當時的思想趨勢，主張一氣：「或曰：五行之氣，天生萬物，以萬物含五行之氣，五行之氣，更相賊害。曰：天當以一行之氣生物，令之相親相愛，不當令五行之氣，反使相賊害也。」（論衡 卷三 物勢篇）但是陰陽五行的思想，已成爲儒家的正統思想。

丙、理學家的五行思想

宋朝理學排除漢朝思想的讖緯迷信，洗刷漢朝易學的卦氣卦數，回到易經和中庸大學的思想。

周敦頤作太極圖和太極圖說，畫出天地變化的程序。易經曾有一種天地變化的程序：「太極生兩儀，兩儀生四象，四象生八卦。」（繫辭上 第十一）太極圖的程序是無極而太極，太極有動靜而生陰陽，陽變陰合而生水火木金土，二五之精妙合而有男女，男女二氣交感而生萬物。周敦頤捨棄了四象和八卦，加上了五行和男女。他的變化程序：太極，陰陽，五行，男女，萬物。五行爲五氣，五氣妙合而成男女。

張載講氣而少談五行，邵雍講兩儀四象，程頤爲周敦頤的門生乃講五行，以五行爲五氣，乃陰陽的盛衰。朱熹繼承周、程的思想。他說：

「陰陽是氣，五行是質，有這質所以做得物事出來。五行雖是質，又有五行之氣，做這物事方得。然却是陰陽二氣截做這五個，不是陰陽外別有五行。」(朱子語類　卷一)

五行的相生，先爲輕質而後重濁，初生水火，次生木金，最後爲土。易經以乾坤爲陽陰，乾坤具有元亨利貞四性，朱熹以五行配四性：

「四性是：元是木，亨是火，利是金，貞是水。」(朱子語類　卷一)

漢儒已經以五行配五常，五常又配乾坤五性，這樣五行成爲儒家道德論的形上基礎，仁爲元爲木，義爲亨爲火，禮爲利爲金，智爲貞爲水。宇宙論和倫理學和心理學混成了一片，這也因爲儒家以宇宙爲一體的生命，一切互相貫通。

五行的思想由具體的材料而進爲五氣，由五氣而成爲五種元素，由五種元素而變爲五種特性。我們認爲五行乃陰陽的五種結合。宇宙的變化的出發點爲一，一是太極，太極因內在的動靜而分爲陽陰，陽陰互相交結，繼續不息。陽和陰的交結在時間和空間內週流，空間爲四方及中央，時間爲春夏秋冬四季。時間和空間相配，在每一空間和時間，即是在每一方和每一季，陽陰有一種結合，因此有四種結合，每種結合爲一行，土則是中央，爲陰陽繼續循環的起點。天地間的萬物，人世間的諸事，都是在空間和時間以內，這樣一切事物便都由五行而成。氣分陰陽，陰陽結成五行，五行結成萬物。

註

❶ 馮友蘭　中國哲學史下册，頁九八一，商務。
❷ 夏君虞　宋學概要，頁二六五，商務。
❸ 唐君毅　中國哲學原論，上册，頁三九九—四九九，學生書局。
❹ 說文解字詁林　第五册，頁二四九五一。
❺ 唐君毅　中國哲學原論，上册，頁四三四。
❻ 錢穆　論道理，民主評論，第六卷第二期，頁三〇。
❼ 嚴靈峯　論道理，民主評論，第六卷第六期，頁一五〇。
❽ 錢穆　答嚴靈峯先生（同上）頁一五二。

⑨ 王船山 尙書引義，卷五，頁一一。
⑩ 唐君毅 中國哲學原論，上册，頁一六。
⑪ 同上 頁一八。
⑫ 王船山 周易內傳，卷一，頁一。
⑬ 王船山 周易內傳，卷一，頁六。
⑭ 同上 頁一九。

第三章 人論

一、本體

1. 秀氣

人，在具體上是一個一個的人，當然屬於形而下，西洋哲學便將「人」在心理學去研究，但是存在論的哲學，在形上方面研究「我」，作爲「存有」的代表。「我」的研究，不是研究具體的形下問題，而是普遍的原則性問題，以「存有」代替「有」，我們研究「人」，便也可以從普遍性的原則方面，研究「人」的本體，「人」的性，再進而研究人的心和情。中國宋明理學家就是研究「人」的性理，又研究心和情的形上理由。

儒家研究人的本體，以禮記的禮運篇所說，作爲開場白，禮運篇說：

「故人者，其天地之德，陰陽之交，鬼神之會，五行之秀氣也。」

這種思想很明顯地是漢朝儒家的思想，講氣，講五行。人的本體由氣而成，氣分陰陽，陰陽常相結合不分離。人雖分男女，男屬陽，女屬陰；然男的本體含有陰，女的本體含有陽。由陰陽結合而有五行，由五行變化而有萬物。人的本體，便由五行而結成。每人在本體所有五行的成份，各不相同，有的多金，有的多木，有的多火，有的多水，有的多土，五行的成份不同，每人的個性便有異。

漢朝儒家還沒有講氣的清濁，氣的清濁是朱熹的思想；但是漢儒已經講氣有秀氣，秀氣爲氣中最佳的氣。所謂秀，也就是清明，不混濁，因此人乃能靈。

漢儒又以人本體的氣，含有天地的元氣，父母的氣，自身的氣。這一點已經不屬於形而上，是屬於形而下，道教的長生術，保養元氣，就來自這種思想。王充講看相，也來自這種思想。

禮運篇說：「其天地之德，陰陽之交，鬼神之會，」易經乾卦的文言說：「夫大人者，與天地合其德，與日月合其明，與四時合其序，與鬼神合其吉凶」，整個宇宙結成一個系統的變易，爲能化生萬物。人的出生，也由這個系統變化所生。宇宙變化的元素，爲陰陽之氣，陰陽相結合而成人。陰陽成人的結合是一種最好的結合。符合天地好生之德，符合鬼神的意願；因此人的氣乃是五行的秀氣。

周濂溪說：「二氣交感，化生萬物，而變化無窮焉。惟人也得其秀而最靈。形旣生矣。

五性感動而善惡分萬事出矣。」（太極圖說）

邵康節說：「人之所以能靈於萬物者，謂其目能收萬物之色，耳能收萬物之聲，鼻能收萬物之氣，口能收萬物之味。」（觀物篇 四十二）

朱熹說：

「以為氣言之，則知覺運動，人物若不異；以理言之，則仁義禮智之禀，則物固有之，而豈能全乎？」（朱子語類 卷四 孟子 告子上篇集注）

「二氣五行，交感萬變，故人物之生，有精粗之不同。自一氣而言之，則人物皆受是氣而生。自精粗而言，則人得其氣之正且通者，物得其氣之偏且塞者。惟人得其正，故是理通而無所塞，物得其偏，故是理塞而無所知。且如人頭圓象天，足方象地，平正端直；以其受天地之正氣，所以識道理，有智識。物受天地之偏氣，所以禽獸橫生，草木頭向下，尾反而上。」（語類 卷四）

人爲萬物之靈，這是儒家一貫的主張，易經以人和天地，稱爲三才，人和天地並列。人之所以高於萬物，即是在於有靈：「識彼理，有智識。」邵康節以人靈於萬物，在於五官之識。朱子則說：「知覺運動，人物若不異。」人物所不同的，在於能全於仁義禮智信。按朱子的主張，萬物也有仁義禮智信之理，人則能夠明通。爲甚麼人能明理，物不能明理呢？朱子說因爲人之氣正，物之氣偏，然而正偏兩個字，並沒有什麼意義，實際則是人之氣清，物之氣濁。氣清則明，氣濁則塞。氣清，「故是理通而無塞。」氣濁，「故是理塞而無知。」

2. 人之大體小體

「公都子問曰：鈞是人也，或為大人，或為小人，何也？孟子曰：從其大體為大人，從其小體為小人。曰：鈞是人也，或從其大體，或從其小體，何也？曰：耳目之官，不思而蔽於物，物交物，則引之而矣。心之官則思，思則得之，不思則不得也，此天之所與我者。先立乎其大者，則其小者弗能奪也。此為大人而已矣。」（孟子　告子上）

人爲萬物之靈，因爲人所得之氣，較比物之氣更清明。但是在上面，我們聽見朱子說明，在感覺方面，人和物相同，那麼在人的自體內，是否有和物相同之氣，孟子更明白說人有大體和小體：小體爲感覺，大體爲心思，小體和禽獸相同，大體爲人的專有品。那麼，我們便該歸納一個結論，人之理爲一，人之氣，則清濁兼有。

人之爲人，是具有人之理，理在宇宙間，按照朱子的主張，是唯一的：因爲朱子主張天地間只有一太極，太極卽是理，天地間所以只有一理。然而朱子又主張萬物各有一太極，萬物便各有一理。他用一個譬喩，說明這一條理論，天地的太極好比是一個月亮，萬物的太極好比是夜間各處所得月亮的光明。各處所得的光，有多有少；但都是得着同一月亮的光明。天地間的理只有一個，萬物都分有這同一理的一部份，萬物所得，有多有少，各按其性。故稱全具一太極。

「問一理之實，而萬物分之以為體，故萬物各具一太極。如此說：則太極有分裂乎？曰：本只是一太極，而萬物各有稟受，又各自具一太極爾。如月在天，只一而已，及散在江湖，則隨處而見，不可謂月分也。」（朱子語類 卷九十四）

理學家像程朱等注重「理」的人，把萬物的分別，歸到氣上。至於周子和張子更是以氣爲重點了。人物之理，既同爲一理，如月亮之光明，無論受光多少，所受的都是同一的光明。因此人物之理，雖多少有殊，然不能成爲人物互相分別的根本因素。人物所以不同，是因爲所受的氣不同。人之所以爲人，是因爲得有五行的秀氣。

人之理，是惟一之理，構成人性，人性是惟一的，不能分割或分裂。人之氣，構成人之實有形體，形體有部份，各部份不相等齊，因此之氣，雖較物之氣爲清，而人之氣中，兼有清濁。因着這種清濁，人有大體和小體。

甲、大　體

人之氣，最清者和理相合，成爲人心。心卽是人之大體。

在講儒家的名學和心理學，我講人心的本質和功用。人心爲精神體，虛而且靈，能思慮，能徵知，且爲人一身的主宰。

人心之氣，旣是清明的；人性之理，乃能表現於人心。理學家認爲這一點，乃是人的專有品，爲人之所以爲人的特性。

乙、小　體

人之氣，濁者和理相合，成爲人體，人體卽是人的五官百肢，稱爲人的小體。

人的五官百肢，是有色的物質體。五官百肢的活動，有的屬於生育，有的屬於感覺。從生育一方面說，有的生物，較比人的生育能力更強。從感覺方面說，有的動物較比人，更是感覺靈敏。因此在小體一方面，人對於萬物，沒有多少可自誇的地方。雖然朱子說：人是頂天立地，較比萬物更爲正直；但是動物中，也有頂天立地的猩猩；而且鳥的高飛天空，不見得不如人的頂天立地！

二、性

1. 概　論

易傳繫辭說：「一陰一陽之謂道，繼之者，善也；成之者，性也。」(繫辭上 第五章)陰陽變化所成的爲「性」，「性」爲物的根本，即是人所以爲人的理由。

性是天生的，中庸說：「天命之謂性」，(第一章)所謂天命，普通說是「天生的」或「生來的」。告子乃說：「生之謂性」(孟子 告子上)；但是爲什麼天生或生來有呢？「天命」的解釋，從書經和詩經的思想，應該是「上天之命」，由「上天」所規定的，朱熹註中庸的話說：「命，猶令也。性，卽理也，天以陰陽五行，化生萬物，氣以成形，而理亦賦焉，猶命令也。於是人物之生，因各得其所賦之理，以爲健順五常之德，所謂性也。」朱熹以人性爲德，大學開端說：「大學之道，在明明德」(第一章)。朱熹註說：「明德者，人之所得乎天，而虛靈不昧，以是衆理而應萬物者也。但爲氣禀所拘，人欲所蔽，則有時而昏；然其本體之明，則有未嘗是者。故學者當因其所發而遂明之，以復其初也。」朱熹的解釋，相當複雜。包含他的理氣二元論，又包含性和心的關係，但是簡單地說，性是人之爲人之理。人之爲人，可以從本體方面說，可以從生活行動方面說，西洋哲學的性常用兩個名詞，本體之性，爲 Essence，行動之性，爲 Nature，中國哲學講本體，是從生命去講，講性，便從生活行動去講，中庸所以說「率性之謂道」。大學也說：「大學之道，在明明德。」從生活方面去講，人所生來有的，不僅是生來之理，還有才，還有情，還有命。孟子曰：「口之於味也，目之於色也，耳之於聲也，鼻之於臭也，四肢之於安佚也，性也，有命焉，君子不謂性也。仁之於父子也，義之於君臣也，禮之於賓主也，智之於賢者也，聖人之於天道也，命也，有性焉，君子不謂命也。」（盡心下）

「孟子曰：乃若其情，則可以為善矣，乃所謂善也；若夫為不善，非才之罪也。」（告子上）

性，是人生活的根本。人的生活，有理性方面的因素，有生理方面的因素，有倫理方面的因素。生理方面的因素，是才；才是能力，人有天生的能力，有能力的器官。這些能力和器官，有些祇爲生理的生活，有些是爲感覺的生活，有些則爲理性的生活。理性方面的因素，人有不學而能知的理性，有自然而生的情感。倫理方面的因素，人有天生的倫理規律，西洋哲學講人性，由理性方面去講，以人的理性爲人性，稱人爲有理性的動物。中國哲學講人，從倫理方面講，以人有倫理道德的標準，稱人爲倫理之人。孟子以人生來有仁義禮智之端，沒有這四端，就不是人。（公孫丑上）孟子講人性，乃分食色之性和仁義之性。食色之性，爲感官的良能，仁義之性，爲心思之官的良知良能。

宋明理學家以性爲理，朱熹主張「理成人性，氣成人形」。但是朱熹繼續二程的主張，以「理一而殊」，人得全部的「理」，物得部份的「理」。這個宇宙萬物同一的理，爲生命的理，萬物都有生命；然而生命有階級，由得「理」的多少，生命表現就有多少，人得全部的理，生命在人便全部表現出來。爲什麼萬物得生命之理有多少不同呢？實際上生命之理只有一個，但是因爲萬物的氣有清濁不同，氣濁，則理被蔽塞；氣清，則理顯明，人之氣清，稱爲秀氣。

陸象山更以性和理相同，理和心相同，性就是理，理就是心，「心外無理」。這個理，是人生之道，是人行爲的規律，王陽明稱爲良知。良知爲心。心爲理，良知就是理。性，在陸王的思想裏，地位不顯明。

儒家既以性爲理，爲生活的規律，理當是善；但是因爲在生活上，人卻作惡，而且惡比善還多，因此，產生了善性善惡的問題，辯論了兩千多年，還沒有結論。

儒家又以性爲抽象之理，由心而顯明出來，性和心乃相連；然而性不是心，心不是性。佛敎把一切都歸於心，主張「萬法唯心」，萬法由心發出來的，要收回去則仍由心收回去。心造了一切假的萬物，又由心破除假的萬物。造萬物的是假心，破除萬物的爲眞心。假心沒有性，眞心才有性，性是眞，是實相。性在佛敎思想裏，意義不彰。

2. 性的意義

一說到「性」，我們都知道是指甚麼；但若要我們把性所指的東西，淸淸楚楚說明白，那就不是一樁容易的事了。儒家多談性善性惡，然而對於性的意義，並不確實地加以定義，我們就各家所說的，擇出幾種較有價値的。

甲、生之謂性

「生之謂性」，這是告子的主張，孟子曾與以反對：「生之謂性也，猶白之謂白與？曰然。……然則犬之性，猶牛之性，牛之性，猶人之性與。」（告子上）孟子的反駁，實際上並沒有駁倒告子的主張。告子的生之謂性說，是說人所天生的稱爲性。程明道也曾主張：「生之謂性，性之謂也。」朱子註說：

「天之付與萬物者，謂之命，物之稟受於天者，謂之性。」（明道論性說 朱子全書卷六十七）

但是人所有天生的東西頗多，不能都稱爲性，而且也不能都包含在性以內。例如人的聰明智慧，是天生來的，但不能稱爲人性。

乙、天命之謂性

中庸第一句就說：「天命之謂性。」這句話和上面「生之謂性」，互相發揮性是天賦的，是與生俱來的。朱子註說：「命猶令也，性卽理也。天以陰陽五行，化生萬物，氣以成形，而理亦賦焉，猶命令也。於是人物之生，因各得其所賦之理，以爲健順五常之德，所謂性也。」這種解釋，較比中庸的原文，複雜多了。程頤簡單地說：「天所賦爲命，人所受爲性。」（近思錄 卷一）

丙、人的自然傾向為性

孟子和荀子談性，都是從這一點出發。孟子說：「天下之言性者，則故而已矣。故者，以利爲本。」（離婁下）朱子註說：「故也，其已然之迹，若所謂天下之故者也。利，猶順也，語其自然之勢也。」荀子也說：「凡性者，天下之就也，不可學，不可事。」（性惡篇）

丁、物的本能之體為性

這一說是張載的主張。他說：

「有無虛實，通爲一物者，性也。感者，……性之神。性者，感之體，惟屈伸動靜，終始之能一也。故所以妙萬物者而謂之神，通萬物而謂之道，體萬物而謂之性。」（正蒙 乾坤下）

「由太虛有天之名，由氣化有道之名，合虛與氣有性之名，合性與知覺有心之名。」（正蒙　太和）

在人一方面說，凡是屈伸動靜，都有一個根本，纔能始終如一，不致錯亂。這個根本，即是人性，即是人的本能之體。

按着張子的一元論，人的本體，由氣而成。他所以說：「合虛與氣，有性之名。」人性由虛和氣而成。虛，是太虛之氣而成人性，人性乃能屈伸動靜。

程明道論性，也以性由氣而成。

「明道先生曰：生之謂性，性卽氣，氣卽性，生之謂者。人生氣稟，理有善惡，……善固性也，然惡亦不可不謂之性也。」（近思錄集註　卷一）

程伊川則改了主張。他在本體論上，開始講理氣二元，對於人性，他主張性是理，不是氣。朱子後來便繼承了他的學說。

戊、性卽理

人物都由理氣而成，理成性，氣成形，程伊川說：「性，卽理也。」（近思錄　卷一）

「性出於天，才出於氣。」（同上）

朱子的性論，就根據這種分別，以性爲理，才爲氣。他爲解釋性的善惡，也完全以這點作基礎。

「性，卽理也。在心喚作性，在事喚作理。」（朱子語類　卷五）

一物之理，是一物所以爲此物的道理。這種道理賦之於天。朱子以性和命，是一物的兩面，由天一方而說，稱爲命，由人的一方面說，稱爲性。

「問命者，天之所以賦予乎人物也。性者，人物之所以稟受乎天也。然性命各有二。自其理而言之，則天以是理命乎人物，謂之命，而人物受是理於天，謂之性。自其氣而言之，則天以是氣命乎人物，亦謂之命，而人物受是氣於天，亦謂之性。曰：氣不可謂之性命，但性命因之而立耳。故論天地之性，則專指理言；論氣質之性，則以理與氣雜而言之，非以氣為性也。」（答鄭子上　朱子大全　卷五十六）

朱子特別指出氣不可謂之性，他不贊成張子的主張。但是天地之性和氣質之性，兩個名字，則出於張子，朱子採用了為解釋性之善惡。

3. 性的功用

儒家的理氣，有似於士林哲學的理（Form）和質（Matter），可是兩者也有許多不同之點。理和氣，結成個體之物，理（Form）和質（Matter），則只結成物性。因此理學家的「性」字，和士林哲學的「性」字，意義功效也多不相同。士林哲學家的性，包含理（Form）和質（Matter）；理學家的性則只有理，士林哲學的「性」，決定物的本體；理學家的「性」，雖亦決定物的本體，然其功效，另外是在關於倫理方面的善惡。

甲、人的善端發自人性

儒家討論人性，都是因着人性善惡的問題。孟子主張性善。以人性有「善端」。

「無惻隱之心，非人也；無羞惡之心，非人也；無辭讓之心，非人也；無是非之心，非人也。惻隱之心，仁之端也；羞惡之心，義之端也；辭讓之心，禮之端也；是非之心，智之端也。人之有是四端，猶其有四體也。」（公孫丑上）

這四種善端，為一切人所同有，故發自人性。沒有這些善端，便不算為人。人為善為惡，卽在於知道發揮這些善端否。

乙、人性為五德之本

自漢儒講五行之說，宋儒理學家也都繼續講論，人得五行之秀。五行之本爲性，卽是理。五行在人心卽是仁義禮智信。

「謂一陰一陽之謂道，已涉形器，五性為形而下者，恐皆未然，陰陽固是形而下者，然所以為陰陽者，乃理也，形而上者也，五事固是形而下者，然五常之性則理也，形而上者也。」（朱子答楊子順　朱子大全　卷五十九）

「伊川先生說：天地儲精得五行之秀者為人，其本也真而靜，其未發也五行具焉，曰仁義禮智信。」（朱子答胡廣仲）

「天理既渾然。然既謂之理，則便是個有條理的名字。故其中所謂仁義禮智四者，合下便各有一個道理，不相混雜。以其未發，莫見端緒，不可以一理名。是以謂之渾然，非是渾然裏面，都無分別，而仁義禮智，却是後來旋次走出四件有形有狀之物也。須知天理，只是仁義禮智之總名。仁義禮智，便是天理之件數。」（朱子答何叔京　朱子大全　卷四十）

朱子以仁義禮智，卽是天理之四端；天理便是仁義禮智的總合。天理之在於人，稱爲人性。至於「信」，朱子以爲不是一種特別的善德，乃是仁義禮智的誠實狀態。

丙、性為人的天理

天理之在於人者，稱爲人性，這種主張，在朱子和王陽明的學說裏，很爲顯明，朱子常以性爲心之理。所謂心之理，卽是人心之天理。王陽明講良知，良知無論在那種人心裏，從未泯滅。良知則是知天理。

「天理在人心，亙古亙今，無有終結，天理卽是良知。」（陽明全書 卷三）

士林哲學把本體論和倫理論，分開得清清楚楚，兩者不可相混。倫理的善惡，不能求之於物之本體。但是人之行動和人之本體，也並不是完全沒有關係，因爲本體之理和行動之理，互相銜接，例如自有實體之行動，當然和受造實體之行動不同，因此士林哲學有諺語 Ratio essendi est ratio operandi，不過士林哲學所說的行動之理，還是從行動的本身方面去說，並不是行動的善惡方面去說。至於說士林哲學也以人性有天理，那不是以人性爲天理，乃是以人性上有造物主所定的性律。

丁、人性為人天然傾向的根本

儒家講人性，雖然多從善惡方面去說，但有時也從本體方面去講。從本體方面講，人的天然傾向，都來自人性。天然傾向稱爲人的天能，是人生來就能夠作的。

「孟子曰：口之於味也，目之於色也，耳之於聲也，鼻之於臭也，四肢之安逸也，性也。有命焉，君子不謂性也。仁之於父子也，義之於君臣也，禮之於賓主也，智之於賢者也，聖人之於天道也，命也。有性焉，君子不謂命也。」（盡心章下）

「凡性者，天之就也，不可學，不可事。……不可學，不可事，而在人者謂之性。可學而能，可事而成之在人者謂之僞。是性僞之分也。今人之性，目可以見，耳可以聽。夫可以見之明不離目，可以聽之聰不離耳。目明而耳聰，不可學明矣。」（荀子　性惡論）

孟荀兩人對於性的善惡，主張不同；但是對於「人之所不學而能者謂之性」，兩人的意見相同。

4. 人物之性

上面我們講性的意義和性的功效，多從人性一方面去說，因爲理學家論性，只是論人之性。但在理論上，人性之在人和物性之在物，應該沒有分別。因此上面所說的，雖是論人性，也可用之於一切的物性。不過，話又該說回來，人性和物性，在自身上，應該有分別，宇宙的萬物，分爲許多類，每一類有一類的本性。人性和一切別的物性，當然便不能相同。

甲、人性和物性不相同

人和別的物體，不是同類，而且不是同級，人較比萬物更高。這是儒家一致的主張。那麼人性比別的物性，當然有高下的分別。人性之高，在於靈明，因着靈明，人乃能明透天理。朱子說：

「蓋天之生物，其理固無差別，但人物所稟之形氣各不同，故其心有明暗之殊，而性有全不全之異耳。若所謂仁，則是性中四德之首，非在性外別為一物，而與性並行也。惟人心至靈，故能全此四德，而發為四端，物則偏駁而心昏蔽，固有所不能全矣。」(朱子答徐子融)

張子說：

「凡物莫不有是性，由通蔽開塞，所以有人物之別。由蔽有厚薄，故有知愚之

別，塞者牢不可開，厚者可以開，而開之也難，薄者開之也易。開則達於天道，與聖人一。」（橫渠語錄）

理學家對於人物之性的主張，該從兩方面去看。一方面主張人物之性，彼此有相同的，卽是性之本源。另一方面，主張人物之性有不同的，卽是性之開塞。性之本源，是性的本身，是性之謂性，或稱天地之性。性的本身，按照理學家的主張，在人物以內，都是一樣的。人物的分別，乃是在於這個「性」是否可以完全表現出來。在物以內，因爲物心蔽塞，性不能表現於外，因此說性在物內不能全。性在人以內，因爲人心靈，乃能表明於外；然而人心，在靈通上，有高低的程度，高者爲聖爲智，低者爲愚爲惡。

我們若再往深裏去追問，性的同和分別，究竟由甚麼而來？朱子說人物之性，同者來自理，不同者來自氣。

「某有疑問矣先生曰：人物之性，有所謂同者，又有所謂異者。知其所以同，又知其所以異，然後可以論性矣。夫太極動而二氣形，二氣形而萬物化生，人與物俱本乎此，則其所謂同者，而二氣五行，絪縕交感，萬變不齊，則是其所謂異者。同者，其理也；異者，其氣也。必得是理，而後有以為人物之性；則其所謂同照者，固不得而異也。必得是氣，而後有以為人物之形，則其所謂異者，亦不得而同也。……先生批曰：此一條，論得甚分明。」（朱子語類 卷四）

那麼天下人物之理，都完全相同了，天下便只有一理！若是人物之理，同是一理，人物之氣又怎麼能夠有分別呢？

「問理與氣。曰：伊川說得好，曰：理一而殊。合天地萬物言，只是一個理，及在人，則又各自有一個理。」（朱子語類 卷一）

「理一而殊」，雖說得好，可是很不好講。朱子的主張，是以天地萬物之理，同是一理的部份。他曾以月亮作比譬，月亮在天，只有一個，地上萬物，各物都受月亮的一部份光，理本是一個，人物所有的理，是這一理的部份。

「問人物皆稟天地之理以為性，皆受天地之氣以為形。若人品之不同，固是氣有昏明厚薄之異。若在物言之，不知是所稟，便有不全耶？亦是緣氣稟之昏蔽，故如此耶？曰：惟其所受之氣，只有許多，故其理亦只有許多，如犬馬他這形氣如此，故此會得如此事。又問物物是一太極，則理無不全也？曰：謂之全亦可，謂之偏亦可。以理言之，則無不全；以氣言之，則不能無偏。故呂與叔謂物之性有近人之性者，人之性有近物之性者。」——（朱子語類，卷四）

朱子所謂「全」，不是謂完全或整個之理，乃是謂全而守之或完全發揮之。人物之理，都不是天地整個之理，只不過理中部份的多少。

乙、人性相同

朱子說：「合天地萬物言，只是一個理。及在人，則又各自有個理。」這所謂各自的理，是否相同呢？孔、孟和荀子都曾主張人性相同。漢唐儒家既主張性有三品，於是便主張人性有等級了。雖說等級，只在於善惡，並不在於人之所以爲人，然而因爲儒家常把倫理界混入本體界，人性的三品，也有點關於人性的本體了。理學家講人性，固然以人爲同類，但因爲人有智愚賢不肖，便說人性也有分別了。他們以爲人性的分別，也是根之於氣。

因此關於人的同性同類，可以從三方面去看。在人之所以爲人一方面去看，人是同類同性的。從人性本身方面去看，人性卽是理，理是相同的；卽所謂天地之性相同。從每個人具體的人性方面去看，因爲包含理與氣，卽所謂氣質之性，則每個人都不相同了。

孟子說：

「故凡同類者，舉相似也，何獨至於人而疑之？聖人與我同類者。故龍子曰：不知足而為屨，我知其不為蕢也，屨之相似，天下之足同也。口之於味，有同者也。易牙先得我口之所者者也。如使口之於味也，其性與人殊，若犬馬之與我不同類也，則天下何者皆從易牙之於味也。至於味，天下期於易牙，是天下之口相似也。惟耳亦然，至於聲，天下期於師曠，是天下之耳相似也。惟目亦然，至於子都，天下莫不知其姣也，不知子都之姣者，無目者也。故曰：口之於味也，有同者焉；耳之於聲也，有同聲焉；目之於色也，有同美焉；至於心，獨無所同然乎？心之所同然者，何也？謂理也，義也。」(告子上)

孟子以人旣同類，天然的本能相同，而且人心的理義也同。這就表示人性相同。孔子也曾說過：「性相近也，習相遠也。」(陽貨)

朱子解釋孔、孟論性的思想，謂兩人的看法不完全相同，然而都是以人性爲同類。

「孔孟言性之異，未易以片言質。然略而論之，則夫子雜乎氣質而言之，孟子乃專言其性之理也。雜乎氣質而言之，故不曰而曰近，蓋以為不能無善惡之殊，但未至如其所習之遠耳。以理而言，則上帝降衷，人心之秉彝，初豈有二

理哉。」（朱子答宋際之 朱子大全 卷五十八）

人性相同，卽理相同，但因所有之氣不同，乃有善惡智愚的分別。這種具體之人性，現代話稱爲個性。個性則人人不同。

丙、人性善惡

人性善惡的問題是儒家自孟子以後，常相爭論的問題。在中國哲學大綱上册，我曾說過這一點，於今則只就本體論，看看理學家的主張。

張載主張氣一元論，則性爲氣。性旣爲氣，善惡由何而分呢？他把氣分爲本然之氣，和成形之氣。本然之氣，成人的人性，稱爲本然之性，稱爲天地之性，卽抽象的人性。個體的人性，爲成形之氣。成形之氣，有清濁不同，於是人的氣質不同；因此這種氣質之性有善有惡。

「性於人無不善，繫其善反不善反而已，過天地之化，不善反者也。……形而後有氣質之性，善反之，則天地之性存焉，故氣質之性，君子有弗性者焉。」

（張載 正蒙 誠明）

程明道也是氣一元論者。他對於人性的善惡，認爲是每人所得的氣不同，善屬於性，惡也屬於性。他不講抽象的性。「明道先生曰：生之謂性，性卽氣，氣卽性，生之謂也。人生氣稟，理(按理說)有善惡；然不是性中元有此兩物相對而生也。有自幼而善，有自幼而惡。是氣稟有然也。善固性也，然惡亦不可不謂之性也。」(近思錄集註　卷一)

程伊川是第一個主張性爲理，本來是善，惡則來自氣。來自氣的稱爲「才」。性是善，才有善有惡。

「性出天，才出於氣。氣清則才清，氣濁則才濁。才則有善不善，性則無不善。」(伊川　近思錄卷一)

朱子主張抽象之性爲理，爲天地之性，無有不善。個體的人性夾有氣，稱爲氣質之性，有善有惡。

「論天地之性，則專指理言。論氣質之性，則以理與氣雜而言之。未有此氣，已有此性。氣有不存，而理却在。雖當其方在氣中，然氣自是氣，理自是理，亦不互相夾雜。至論其偏體於物，無處不在，則又不論氣之精粗，莫不有是

理。」（朱子語類）

「理如水流於清渠則清，流入污渠則濁。」（同上）

氣清，則氣質之性善；氣濁，則氣質之性惡。朱子不大說「才」，更不願把才和性相對。朱子說「才」時，以「才」爲「能力」。

「性者，心之理。情者，心之動。才，便是那情之會恁地者，情與才絶相近。」（朱子語類 卷五）

然而無論怎樣，或者說才有善惡，或者說氣質之性有善惡，在本體論上都講不通，後儒顏習齋大加反駁：

「程子云：論理氣，二元則不是。又曰：有自幼而善。有自幼而惡，是氣稟有然也。朱子曰：纔有天命，便有氣質，不能相離。而又曰：既是此理，如何惡，所謂惡者，氣也。可惜二先生之高明，隱為佛氏六賊之説浸亂而不自覺。若謂氣惡，則理亦惡。若謂理善，則氣亦善。蓋氣卽理之氣，理卽氣之理，烏謂理純一善，而氣質偏有惡哉。譬之目矣，眶皰睛，氣質也。其中光明能見者物者，性也。將謂光明之理，專視正色，眶皰睛，乃視邪色乎？余謂光明之理，專視正色，眶皰睛，乃視邪色乎？余謂光明之理，固是天命，眶皰睛，是天命，更不必分何者是天命之性，何者是氣質之性。只言天命，人以目之性能視，卽目之性善。其視之也，則情之善。其視之詳略遠近，則才之强弱。蓋詳且遠者固善，卽略且近，亦第善不精耳，惡於何加？」（顏氏學記　卷二　存上）

善惡不能由本體論去談，皆從心理方面去求。顏習齋以爲行善行惡，所用的本能都是一樣。例如正視邪視，所用的都是自己的眼睛，只是在用時，有誤用或不誤用也。誤用本能爲惡，不誤用則善。

「耳聽邪聲，目視邪色，非耳目之罪也，亦非視聽之罪也。皆誤也，皆誤用其情也。誤始惡，不誤不惡。」（同上）

三、心

西洋哲學在傳統的理論心理學，講論靈魂（anima），以爲人的生命之中心，爲精神體，能在人死以後，獨立存在。現代西洋哲學則摒棄了靈魂，只講 Mind，這個名詞只指理性活動中心，不是指能在身後存在的精神體。當代有人翻譯王陽明的「心」和「良知」，用這個 Mind，實際上，原文和翻譯的意義並不相同。

中國哲學的「心」，指的人的本體的一部份，而且是最重要的部份，孟子稱爲人的大體，也是人和禽獸的分別點，就是人的特性；孟子稱爲「心思之官」。現在我們說「人爲心物合一體」，心爲心靈，物爲身體；心靈爲精神，身體爲物質。儒家的傳統思想，以心爲人生命的中心，心顯出人性，又統制情感。

1. 心的本質

甲、心的意義

儒家的哲學，目的在於修身；因此歷代的儒家，都注意在一心字，心字眞可以說是儒家哲學思想的中心。

在儒家的哲學思想裏，心是指的甚麼？

A 荀子說：「心者，形之君也，而神明之主也，出令而無所受令。」（解蔽）

荀子從心的本身着想以心爲人的神形的主宰，人身的主宰稱爲心，心統制人內外的活動。

B 邵雍說：「心爲太極，道爲太極。」（觀物外篇）

「先天學心法也，圖皆從中起，萬化萬事生於心。」（先天卦位圖說）

邵雍以「心爲太極」，「萬化萬事生於心」，陳鐘凡便認爲邵子主張「先天唯心說」，因爲邵子又以「宇宙萬有生於一心」，其實邵子和「先天唯心說」，一點關係也沒有。邵子明講陰陽，講氣，陰陽和氣，並不是心所造生。邵子所要說的，是人在認識宇宙時，不宜靠着眼睛該用心。而且也不是用心，而是用理，人是用理去推知宇宙的一切。

「夫所以謂之觀物者，非以目觀之也。非觀之以目，而觀之以心也。非觀之以心，而觀之以理也。」（觀物篇）

既是用心按理去觀物，因此可說「心爲太極，道爲太極」，既然是按理去推知宇宙變化，可以說是先天學。邵子的先天圖就是這樣成的。

C 張載說：「心統性情者也。」（語錄）

「合性與知覺，有心之名。」（正蒙太和篇）

張子是第一個就心的本體上去論心。荀子說心爲主宰，邵子說心爲觀物之理，都是從心的本身作用上說。張子以心統性情，乃是從心的本體去說。心究竟是甚麼？心是人的性再加以情和知覺，卽是說，心包有性和情和知覺，心和性和情和知覺，都有分別。

D　程伊川說：「自理言之謂之天，自禀受言之謂之性，自存諸人言之謂之心。」（遺書二十二上）

「在天爲命，在義爲理，在人爲性，主於身爲心，其實一也。」（遺書十八）

程頤把性理，命心，同指一實，只是在觀察點上有不同。因此，心，性，理，命的涵義相同，心實際上就是性。他又說：

「性之本謂之命，性之自然者謂之天，自性之有形者謂之心，自性之有動者，謂之情：凡此數者，皆一也。聖人因事以制名，故不同者此，而後之學者隨文析義求奇異之說，而去聖人之意矣。」（遺書二十五）

聖人既是因事以制名，事不同，名纔不同。心和性既不同名，在聖人的思想裏，所指的事也便不相同；豈可以說心和性同指一事？程頤自己也說：「自性之有形者謂之心。」性而加以形，當然不是純淨的性。

「性之有形者謂之心」，這個定義，很可以代表儒家的「心」。儒家的「心」，即是具體的性。

E　朱熹說：「心，主宰之謂也，動靜皆主宰。……心統攝性情，非攏侗與性情爲一物

而不分別也。」（語類　卷五）

「心是神明之舍，爲一身之主宰，性是許多道理，得之於天而具於心者，發於智識念慮皆是情，故曰心統性情。」（語類　卷五）

「性者，心之理。情者，心之動。」（語類　卷五）

朱子集理學的大成，師程伊川，但不拘守師說。對於心字，他接受張載的主張，以心統性情。但是張子只是主張氣一元論，他則主張理氣二元；因此他以性爲理，情爲氣，心兼有理氣。不過，若追究下去，理屬於抽象，氣屬具體，理加氣，卽是性的具體化，便同於程頤所說：「性之有形者謂之心」。所不同的是，朱子聲明「心統性情，非攏侗與性情爲一物而不分別也。」

F　陸象山說：「人皆有是心，心該具是理，心卽理也。」（全集　卷十一　與李宰書）「心一心也，理一理也，至當歸一，精義無二，實不容有二。」（全集　卷一　與曾宅之書）

陸象山跟朱子的思想，互相的衝突點頗多。最重要的一點，是朱子主張理和氣，象山則只主張理，旣只主張理，便以心爲理。

G　王陽明說：「心卽理也，天下又有心外之事。心外之理乎？」（傳習錄上）

「又問心卽理之說。程子云：在物爲理。如何謂心卽理？先生曰：在物爲理，在字上當添一心字。此心在物則爲理。」（傳習錄下）

「心之體，性也。性卽理也。」（傳習錄中答顧東橋書）

陽明對於心性之說，宗於陸象山，而且他主張良知，更是力主心卽理，心和理不能分。

綜觀上面歷代各家對心的解釋，雖各有各的主張，但其中有點是大家所注意的：心爲人身的主宰，心爲性的具體化。所以儒家的心，可以說是「性之有形者，能爲人內外的主宰。」

乙、心的本質

A　心兼有理與氣　這種主張當然是朱子的主張，但朱子旣是集理學之大成，他的主張，更能代表儒家的形上學，性爲理，爲心之理。心又有知有情，知情成於氣。因此心兼有理與氣。

張子以心爲氣，象山以心爲理，都稍有所偏，然而朱子有時也很含糊，不明說心兼有理氣，而似乎是介於理與氣之間。

「問如此，則心之理，乃是形而上否？曰：心比性則微有迹，比氣則自然又靈。」（語類 卷五）

「比性微有迹」，則不是性；「比氣又靈」，則又不是氣。朱子主張理氣二元論，豈能有非理非氣的心。他這處所說，是指心的虛靈。心因自己爲虛靈，故只微有迹，較比普通的氣更靈。

B 心爲虛靈 荀子首先提出心的特質，以心爲「虛壹而靜」。心爲虛，因此不以已經知道的知識和已經決定的志向，而拒絕新的知識和新的志向。心爲壹，因此所知道的事物雖多而不亂，知道加以綜合類別。心爲靜，因此雖常思慮而常靜。

「人何以知『道』？曰心。心何以知？曰虛壹而靜。心未嘗不臧也，然而有所謂虛。心未嘗不滿也，然而有所謂一。心未嘗不動也，然而有所謂靜。人生而有知，知而有志，志也者，臧也；然而有所謂虛，不以所已臧害所將受謂之虛。心生而有知，知而有異，異也者，同時兼知之；同時兼知之兩也；然而有所謂一，不以夫一害此一謂之壹。心臥則夢，偷則自行，使之則謀，故心未嘗不動也；然而有所謂靜，不以夢劇亂知謂之靜。」(解蔽)

靈、爲靈敏靈妙。心稱爲靈，因爲心的行動，靈敏又靈妙，不拘於地域，也不拘於時間。

「問靈處是心，抑是性？曰靈處只是心，不是性，性是理。」(朱子語類 卷五)

「此心本來虛靈，萬理具備，事事物物，皆所當知。」(朱子語類　卷五)

心之靈，從知覺上表示出來，知覺思慮，無所限制。往古今來遼遠近邇一刻就都知道。

「問知覺是心之靈，固如此，抑氣之為耶？曰：不專是氣，是先有知覺之理。理未知覺，理與氣和，便能知覺。」(朱子語類　卷五)

C　心爲清氣，爲非物質體

心之虛靈，來自心氣之清。人之氣，本較萬物爲清；心之氣，爲清氣中之清者。心之氣若濁，則固。若是固，則不虛靈；若是濁，則不明。人心則不但是虛靈，而且還是清明。

「人心譬如槃水，正錯而勿動，則湛濁在下，而清明在上，則足以見鬚眉察理矣。」(荀子　解蔽篇)

朱子而且說：「心爲神明之舍。」(語類)朱子所說的神明，雖不指着精神，但是既說明是神明，當然不是物質，張子說：

「凡氣清則通，昏則壅，清極則神。」（正蒙　太和）

儒家的精神和物質之分，是一個不容易解決的問題。氣完全是物質或兼為精神，更是理學上的一個很難的問題，於今我們討論心的本體，我們至少要說，心由氣之極清者而成，為非物質體。對於這一點，大家沒有可爭論的。若是心為物質體，則不能為虛。凡是物質體，自體是滿的，在所佔的空間以內，不容另一物體並存。人心則能兼藏千萬知識而不滿，便應該是非物質體。

理學家雖多以凡有形者，不稱為「神」。尤其張載以物神相對，神無象而物有形。程子以心為「性之有形者」，心不是神而是物，而且張子以心之靈妙不及性和道之靈妙。

「利者為神，滯者為物。是故風雷有象不速於心，心禦見聞，不弘於性。」（正蒙　誠明）

心較風雷更速，但常受見聞感官的阻礙，所以尚是滯，尚是物。但仔細說來，感官並不是心，感官雖可以阻礙心，卻不可以因此說心不靈。

張載不以心為神，程顥卻以清氣，濁氣都可稱為神，心當然是神了。他說：「氣外無神，神外無氣，或者，謂清者神，則濁者非神乎？」（遺書十一）明道這種主張，把氣和神混而為一，很欠正確。

我們為避免理學家對神的爭論，我們不說儒家以心為精神體，但至少我們以儒家主張心為非物質體。若說非物質體，實際上不就是精神體嗎？這一點，我們也承認。然而精神體和神在儒家的思想裏；意義很不確定，我們寧可避免不用。

2. **心的動作**

甲、心能知

儒家的孟子分人的知識為「耳目之知」和「心之知」；儒家的理學家分人的知識為「見聞之知」和「德性之知」。見聞之知都是耳目之知，德性之知也卽是心之知。可是我們若把這四個名詞，加分以析，我們便知道；「心知」較比「德性之知」更廣，德性之知包括在心知以內。德性之知是知理或知道，而這種心知，還不是抽象的心知，而是實際上，能夠以理或道去體念萬物。

「見聞之知，乃物交而知非德性所知，不萌於見聞。」（正蒙　大心）

德性所知為天理，天理為人心所有，不來自外物；因此說不萌於見聞。若以心之知，都不萌於見聞，則和荀子所說的徵知互相衝突了。程頤的主張和張載一樣：

「見聞之知，非德性之知。物交物則知之，非內也，今所謂博物多能者是也。德性之知，不假見聞。」(遺書二十五)

「見聞之知」和「耳目之知」也有些分別。耳目之知指的感官之知，卽是感覺。見聞之知，是人對於外面物體的認識，是人心由感官而得的，所以不僅是感覺，還包含心的徵知。我們於今講心知，是根據孟、荀的分類，以心知爲感覺以上的知識。

A 「徵知」 荀子以「心有徵知。」(正名) 楊倞註解說：「徵召也。言心能召萬物而知之。」徵解爲召，在普通的用語上可以這樣說，但解徵知爲徵召萬物而知之，則在哲學上等於兒戲，荀子的徵字必不是徵召萬物。

第一，心有徵知，心對於感覺能夠加以體驗。胡適之解爲證明，感官能夠有感覺，不能體驗自己的感覺，眼睛看物不知道自己看見物體。心則在眼睛看見一物時，知道眼睛的感覺，也知道自己的眼睛，有了感覺。

第二，心有徵知，是能徵集自己的知識，分類彙集。這卽是綜合的作用。能由單體的事物推出公共的觀念。荀子說：「徵知則緣耳而知聲可也，緣目而知形可也。然而徵知必將待天官之當簿其類。」(正名) 心按照感官而有各類的知覺，又按感官而分類。荀子曾說心虛壹而靜，壹字的意義，爲「不以夫一害此一，謂之壹。」心同時能有許多不同的知識，彼此不相防害，荀子稱這種特性爲心之壹，這種壹字等於徵集之徵。心同時有許多不同的知識，又把這些智識，分類而壹之。

第三，心有徵知，徵字解爲召。召者，即是回憶，心能召回以往的知識。荀子也說回憶爲臧。他講心虛時，曾說：「人生而有知，知而有志，志也者臧者。」（正名）志字可解爲志向，但更好解爲誌，即是記憶。心的知識，不單是同時有許多不同的知識，也具有不同時的許多知識。不同時的知識，都是藏在心內，人要提出一種時，心便把以前所有的那種知識召回來。

B心思　孟子稱心爲心思之官，特別注意在心思的思字。思不是單純的知，乃是思慮，推論。孔子曾說：「學而不思則罔，思而不學則殆。」（爲政）思和經驗相並行，求學是人的經驗裏最大最要的；但若是單只靠敎師和書本，自己不加思索，求學必無所得；然而完全不從師不讀書，自己獨自去想，那也是白想了，而且還有幻想亂想的危險。所以朱子註釋說：「不求諸心，故昏無所得，不習其事，故危而不安。」

思是按着已經知道的事，去推知不知道的事。不知道的事，並不是將來要發生的事，乃是事物的道理。分析歸納和推想，都是思慮的工作。錢穆講程頤論思說：「據他（程頤）說：致知工夫只在思。思始能有覺悟，有覺悟始是學。能用思，能有覺悟，則聞見博而知益明，並不是不要聞。但聞見之上更有一番重要工夫則是思。他說：人思如泉湧，汲之愈新。又曰：思曰睿，思慮久後睿自然生。若於一事上思未得，且換別一事思之，不可專守着這一事。蓋人之知識，於這裏蔽着，雖強思亦不通也。

C知「道」博聞強記，孔子不稱爲學；見聞之知，儒者也不以爲知，儒家之知乃是認識「道」，認識「天理」。

心能識「道」，這是儒家所共同主張的，荀子說：

「故治之要，在於知道。人何以知道？曰心。心何以知？曰虛壹而靜。」(解蔽)

然而心對於道的認識，在儒家的思想裏，有許多爭論；最重要的，是朱子和陸象山，王陽明在致知格物上的爭辯。我們用簡單的話來說，這種爭辯，卽是爭辯心之知「道」，是先天所有的，或是由學習而來的？朱子主張人須研究外面事物的道理，以明人心的天理之知「道」，是由力學而得。陸王則主張天理在於人心，反求諸心，天理自明。兩方爭辯的氣燄，當時很凶；不過，於今我們若加以分析，實際上所爭辯的只是很不關重要的幾點。因爲，第一：朱子和陸王都主張人心，有天理。第二：兩方都承認人心本來淸明，能見心內的天理，只不過有時爲情慾所蔽。朱子說：「盡心如明鏡，無些子蔽翳，只看鏡子若有些小照不見處，便是本身有些塵泥。如今人做事，有些子鶻突窒礙，便只是自家見不盡。此心本來虛靈，萬理具備，事事物物，皆所當知。今人多是氣質偏了，又爲物欲所蔽，故昏而不能盡知，聖貴所以貴於窮理。」(語類) 窮理盡性，爲儒家千古的大原則，朱子主張窮理以盡性，重在窮理；陸王主張盡性以窮理，重在盡性。陸王以性爲理，理爲心，盡心卽窮理。朱子以性爲理，以心兼性情，窮理然後心纔能制情以盡性，所以所爭辨之點，只是一個方法問題。爲甚麼有這種爭論，那是因爲陸王主張「心外無理」。第三：程頤也主張格物窮理在於反躬。錢穆說：「可見他講格字有限制義。不要因物而遷，愈引愈遠，要限制在物與我之相交點，而自明我德性所固有之理，則便非捨了德性而專求明物理。……可見格物不是放我心去隨着物，乃是限制在物上窮其理，而此理則仍不外於在我之德性。……可見格物窮理，乃窮此物我內外合一之理，並非離我而外窮物理。」朱熹繼承伊川的學說，主張一致。因此他和陸王不同的，是他以物各有理，物理同於心之理，陸象山則以天下只有一理，此理乃人心之理。

說明了以上各點，我們可以明瞭儒家所說心能知「道」，不是指的心對於一切事物的物理所有的認識，因爲船能浮於水上，人能騎馬，這些物理，不能稱爲「道」。稱爲道的理，乃是人爲修身齊家治國該守的天理。這些天理，在於人心，稱爲人心德性，稱爲人的明德。認識這種天理，纔稱爲知「道」。所以知「道」卽是德性之知。

德性之知，是人或直接反觀其心，或間接由物而反觀其心，對於自心的天理所有的認識。

德性之知，是人自然而有的知，王陽明稱之爲良知，朱子雖主張窮物理以有德性之知，窮物理不過是一種預備，到眞能有德性之知時，德性之知也是人心自然而生。他說：「至於用力之久，而一旦豁然貫通焉。」（大學格物補傳）用力窮物理到了相當程度，心對於天理，一旦豁然貫通。便是心自然而生的德性之知。

乙、心為主宰

A 主宰

在西洋哲學裏人的天份技能，分爲理智和意志，理智能知，意志能主宰。儒家的哲學，則以心兼理智和意志，心能知，心也爲主宰。

心爲人身內外的主宰，荀子和朱子都說得很淸楚。

「心者，形之君也而神明之主也，出令而無受令。」（荀子 解蔽）

「心，主宰之謂也。」（朱子語類 卷五）

「心是神明之舍，為一身之主宰。」（朱子語類 卷五）

「形之君」：形指的人的形體，四肢百體都包括在形內，這一切都受心的節制，心爲它們的君主。

「神明之主」：神明在這裏不是指的天神地祇，是指的人的精神。所謂精神，卽是人的靈妙處，這種靈妙處，也受心的指揮。思慮是人的靈妙，思慮便由心而受令。

「出令而無所受令」：心在一個人的本體上，是最高的主宰者，沒有在它以上的。意則由心而動，再向情發令；意是在心以下，在情以上，但所謂無所受令，並不是說每個人都完全獨立，不受長上的約束。在法律方面和倫理方面，世上的人都有所從屬。在心理方面，每個人的心，是自己的最高主宰，別人不能直接強迫。自己所不願意做的事，被人用強力驅使手足去做，那不算他做的事。荀子所以說：

「心者，形之君也，而神明之主也。出令而無所受令。自禁也，自使也，自奪也，自取也，自行也，自止也。故口可刼而使墨云，形可刼而使詘申，心不可刼而使易意。是之則受，非之則辭。故曰：心容其擇也無禁，必自見。」(解蔽)

心的定奪，完全由於自己，不能像外面的肢體，受外力的強迫。所以儒家的修身，注重在正心誠意。心能主宰，是因心有自由。心有自由，是因不拘於一。旣不拘於一，便能選擇。孟子說：

「魚，我所欲也；熊掌，亦我所欲也。二者不可兼得，舍魚而取熊掌者也。生，亦我所欲也；義，亦我所欲也：二者不可得兼，舍生而取義者也。」（告子上）

在魚和熊掌之中，在生和義之中，人有選擇的自由，按理說，人該舍魚而擇熊掌，舍生而取義，但有些人也會舍熊掌而取魚，舍義而就生。人的賢不肖，在於人自己願意作賢人或作不肖，並不是生來是賢或不肖。儒家以堯舜與人同心，人可爲堯舜，可爲桀紂。

「子曰：三軍可奪帥也，匹夫不可奪志也。」（子罕）

朱子註說：「侯氏：三軍之勇在人，匹夫之志在己，故帥可奪而志不可奪，如可奪則亦不足謂之矣。」志由心而發，心不能被人強迫。志爲堯舜，則爲堯舜，志爲桀紂，則爲桀紂。

B　意、志

在於今的中國哲學書裏，意志已成了一個專門名詞，指的西洋哲學裏和理智相並立的意志。在中國古代的哲學思想裏，意和志相分，意是意，志是志。朱子說：

「心者，一身之主宰。意者，心之所發。情者，心之所動。志者，心之所之，比於情意尤重。」（語類）

「情是性之發，情是發出恁地，意是發出要恁地。如愛那物是情，所以去愛那物是意。情如舟身，意如人去使那舟車一般。」（語類）

按照朱子的思想，心遇一物時則情動，當情動時，心便定奪是否可讓情去動，若是讓情去動，又該怎麼去動。心的定奪工作，稱爲意。心既定奪了，這種決定，則稱爲志。情跟意都是心之動。情屬於氣，人稟受怎樣的氣，人心動時，便也怎樣去動。所稟的氣淸，人心的動則又輕又和；所稟的氣濁，人心的動則又急又亂。心動的或輕或急，或和或亂，都稱爲情。意則屬於理，心因理而定奪，對於情加以馭使。人之善惡，不在情之好壞，只在馭使的得法不得法。所以意字在倫理上，爲善惡的樞紐。

可是古書中又有所謂志氣，孟子說：

「夫志，氣之帥也。氣，體之充也，夫志至焉，氣以焉，故曰持其志無暴其氣。」（公孫丑上）

孟子並沒有把志氣合在一齊，他說：志爲氣之帥，因志是心的決定，人身之動，由心主宰。故志帥氣。孟子所說的氣，不指着情，也不指着四肢百體，是指着充滿人身之氣。朱子說：

「氣，一也，在於心者，則為志氣；在於形體者，卽為血氣。」（答李晦叔書）

孟子的無暴其氣和養氣，不僅是指的血氣，孟子自己曾說：「其爲氣也，配義與道，無是餒也。」用義和道去養氣，氣便不能是血氣之氣。普通我們說養精神，孟子的養氣，就等於養精神，普通又說把心放寬，理學家也說以心體萬物而不遺。以心體物可以相等於孟子浩然之氣。因此我們知道志氣，並不是屬於氣，仍是屬於心之理。不過在人心有一種決定後，人的情感常隨卽附加在決定以上，因此說志氣，卽是在志上，加有愛或希望了。

3. 心與理的關係

宋明理學的一樁很大的爭論，是陸、王和程、朱對於致知的爭辯，致知可以算是求學修身的方法，屬於形而下；但是致知問題的根源，是心和理的關係。這種關係，屬於形而上的問題。

甲、朱　熹

朱熹繼承程伊川的學說，以心統性情。性爲理，心除理以外有情。

朱熹又以物爲有理，萬物各有一太極。宇宙萬物之理，不包括在人心以內，人心以外尚有事物之理。

朱子因此解釋格物致知，有兩層意義，朱子說：

「所謂致知在格物者，言欲致吾之知，在卽物而窮其理也。蓋人心之靈，莫不有知，而天下之物，莫不有理。惟於理有未窮，故其知有不盡也。」（大學　補格物致知章）

「致，推極也，知，猶識也。推極吾之知識，欲其所知無不盡也。格，至也，物猶事也，窮至事物之理，欲其極處無不到也。」（大學章註）

「若盡心云者，則格物窮理，廓物貫通而有以極夫之所具之理也。」（觀心說　朱子大全　卷六十七）

朱子解釋格物致知，第一是用心研究外面事物之理，增加自己的智識，第二是把自心之理，推用到一切事物之上。

宇宙萬物之理，雖各是一太極，卽各有各自之理。但宇宙只有一太極，宇宙只有一理。萬物之理，卽宇宙之理，人心之理，也就是萬物之理。因此，人若窮究萬物之理，一天必得豁然貫通，覺得自心之理，和萬物之理相通達，而得致天地之理，以達於至善。

乙、陸九淵、王陽明

陸九淵主張心卽理，理卽心。理與心相等。心外無理，萬物之理皆具吾心。

「蓋心，一心也，理，一理也。至當歸一，精義無二，此心此理，實不容有二。」(全集一 與曾宅之書)

陸子乃敎人反而求諸自己之心。不要到外面去尋求事理。平生常主張尊德性。象山語錄記朱子的話：「陸子靜專以尊德性誨人，故游其門者多踐履之士，然於道學問處欠了。某敎人豈不是道學問處多了，故遊某之門者踐履多不及之。」

王陽明贊成陸九淵的主張，用之作致良知說的基礎。陽明以良知爲心之理；明自心之理，而用之於事物，卽是格物致知。

「致知云者，非若後儒所謂充廣其知識之謂也，致吾心之良知焉耳。」（陽明全書卷二）

良知為自心，致知便是反求諸自己本心，不是研究外面的物理。

「夫物理不外於吾心，外吾心而求物理，無物理矣。遺物理而求吾心，吾心又何物耶？」（陽明全書卷二）

陸王和程朱的衝突，在這一點上，很為明顯。但若是追究到根本上去，兩家的衝突，並不是學理上的衝突，乃是方法上的衝突。為說明這一點，我們該注意在一個理字。

丙，心之理與物之理

理字在理學家的思想中，是指的事物本體的所以然之理，但是同時也指的人生行動的原則。理學家承認這兩點是互相連貫的，事物所以然之理，也即是人對於這些事物該守的原則。

普通稱人生的行動原則，稱為道德律，或倫理原則；稱事物本體的所以然之理為物性或事理。

儒家自孔、孟以來，所講的求學，都是注意在知修身之道，所謂求知聖人之道。聖人之道以天地之道爲準則，易經格外注意這一點。

「易之為書也，廣大悉備，有天道焉，有人道焉，有地道焉，兼三才而兩之故六。」（繫辭下）

「昔者聖人之作易也，將以順性命之理，是以立天之道，曰陰與陽，立地之道，曰柔與剛，立人之道曰仁與義。兼三才而兩之，故易六畫而成卦。」（說卦二）

天地之道，爲天地之理。例如陰陽，卽是天地萬物之性理。同樣，人道之仁義，也應當是人之性理。因此人之本體所以然之理和人生行動之道，合而爲一。理學家講人心之理，不單是講人性之理，也是講人生的道德律。而且理學家在講致知格物時，還是以人生道德律之理爲首，人性之所以然之理則居其次。理學家的思想，常是以人性本體之理，和道德律之理，爲一理之兩面，例如在本體方面說，人性有陰陽之理；在道德律方面說：人性有仁義之理。又如在本體方面說，人性有金木水火土五行之理；在道德方面說，人性有仁義禮智信五德之理。

儒家求學，既是在求知道德律之理，當然不注重事物本體之理。道德律之理既就是人性之理，人性在於人心。人若反身而誠，自明其性，人就知道自己該守的道德律了。在這一點上，程朱和陸王，彼此的意見，沒有不相同的，他們的意見所不相同的，是陸王主張專事反觀自心，程朱則主張反觀自心以外，還該研究事物之理。

朱子爲甚麼主張，在反觀自心之理以外，還該研究事物之理呢？因爲人心常有情欲之蔽，不容易自觀心中之天理；於是便該研究事物之理，爲助人貫通自心之天理，所研究之理，雖爲事物之性理或事理；然而這些事物之理，在人心常有相應之理，這種相應之理，就是人應付這些事物之道。

王陽明也知道，人心多有私欲之蔽，人常不易明見自心之天理，他乃力主去欲。人心因着私欲受蒙蔽，把私欲去了，人心自明，天理自顯。他爲貫徹這種主張，提出「知行合一」爲號召的標語。

王陽明的知，乃是良知，卽是人心之天理。他所說的天理，是人生活動的道德律。良知爲人天生之知，不學而能，因爲人心的天理，沒有私欲之蒙蔽，自然而然地顯明出來。可是不可拿陽明的天生良知和西洋的「天生觀念說」相混。同時，也不可拿陽明的知行合一和古人的知易行難以及中山先生的行易知難，相提並論。陽明的知行合一，專指良知，卽理學家所指德性之知，爲知是非之天理。

近來有人攻擊王陽明的主張，說他排斥見聞之知，阻止中國科學之進步。實際上尊重德性之知，輕視見聞之知，爲儒家一貫的主張。卽是朱子的講學問，目的也是在貫通心中的天理。

陽明所說的見聞之知，並不是指的一切經驗知識。他主張排除見聞之知，也不是掃除一切的經驗知識。有人在這一層上，誤解了他。陽明的見聞之知，是說當人要行一樁行動時，對於這樁行動的是非，感官能有的刺激。例如遇着一個女人，你心中當時能有的好惡感官很可以與以刺激。王陽明主張在決定是非時，該完全聽良知的指導，不該聽感官的刺激。

四、情

儒家講性，心，情，不從本體論，也不是從心理學去講，而是從倫理善惡去講，儒家對於人行善行惡，不歸之性，也不歸於心，而歸於情；而且將惡常歸於情。因此要從形上理論方面去講「情」。

1. 情的本質

甲、情的字義

情字的意義，普通指的是感情，卽是「喜怒哀樂之謂情。」這卽是心理學方面所講的情字。

但是在中國古書裏和社會日常用語上，情字尚有別的多種意義，我於今只舉出幾種最重要的。

易經屢次說「天地之情」。例如：「天地之道，恒久而不已也。……觀其所恒，而天地萬物之情可見矣。」（恒彖）「天地感，而萬物化生；聖人感人心，而天下和平。觀其所感而天地萬物之情可見矣。」（咸彖）「大者，正也。正大而天地之情可見矣。」（大壯彖）「萃，聚以正也。……觀其所聚而天地萬物之情可見矣。」（萃彖）易經所說天地之情的情字，不是指的感情，而是指的情理，情字和理字的意義相同，因此易經的註釋，對於咸彖則說：「極言感通之理。」對於恒彖則說：「極言恒久之道。」

孟子的書上有說：「乃若其情，則可以爲善矣，……若夫不爲善，非才之罪也。……人見其禽獸也，而以爲未常有才焉者，是豈人之情也哉。」（告子上）孟子在這裏所說的情字，惠棟以爲和性字的意義相同：「孟子言性而及情，情猶性也。故文言傳說：利貞者，性情也。」❶

普通社會上常說「天理人情」，或說「情理所不容」。這個情字，雖是指的是心的天理，但是和理字性字，稍有不同。戴東原說：「以我絜人，則理明。……以我之情，絜人之情，而無不得其平。」❷理是指的道理。情是指的在一個具體的環境內，理的適用恰得其當；因此人便覺得應該是這樣。

現在我們所要講的，只是心理方面感情之情。

情爲心之動：

中庸第一章說：「喜怒哀樂之未發，謂之中。發而皆中節，謂之和。」朱子註說：「喜怒哀樂，情也。其未發則性也。」

荀子說：「性之好惡喜怒哀樂，謂之情。」（正名）禮記則明明指出人的七情：「何謂人情？喜怒哀樂愛惡欲，七者弗學而能。……故聖人之所以治人七情，舍禮何以治之！」（禮運）

禮記荀子中庸都以情和性相連，兩者的關係很密切。禮記以七情爲不學而能，中庸分七情有未發和已發，荀子則以情爲性之好惡喜怒。理學家根據這種思想，乃倡「性爲未動，情爲已動。」

樂記上已經說到：「人生而靜，天之性也。感於物而動，性之欲也。」程伊川的主張，跟樂記一樣：

> 「天地儲精，得五行之秀者為人。其本也真而靜，其未發也，五性具焉，曰：仁，善，禮，智，信。形既生矣，外物觸其形而動其中矣。其中動而七情出焉，曰喜怒哀樂愛惡欲。」❸

以上所引的話，都注意在性字和動的，很明顯地主張情爲性之動。朱子繼承這種思想，加以發揮，說明「情爲心之動」。

「性爲未發，情爲已發。」這是儒家一貫的思想，朱子也是屢次承認這種主張；但是他更好說情爲心之動。

「性是未動，情是已動，心包得已動未動。蓋心之未動則為性，已動則為情，所謂心統性情也。」（語類 卷五）

「性者，卽天理也。……情者，心之所動。志者心之所之。」（語類 卷五）

按照朱子的思想，性是抽象的天理，爲成一個具體的人性，理要和氣相結合，理氣相合則成心。性的本質旣爲靜的天理，是爲抽象的理，便沒有所謂動，動是具體的實體纔可有的。性的具體爲心，因此情便稱爲心。

情爲氣：

朱子主張心兼性情，卽是運用他的理氣二元論。朱子以性爲理，以情爲氣。

「性，卽理也，在心喚作性，在事喚作理。」（語類 卷五）

人心由理和氣而成，這是心和理的區別，理只是理，心則在理以外兼有氣。朱子既說心兼性情，性相當於理，情便相當於氣。同時朱子也說心兼動靜，靜爲性，動爲情，靜爲理。動氣爲「情便是氣。」

性在一切人心，都是相同的，而且常是善。情由氣而成，則每個人都有區別，有善也有不善。得氣清的人，則情清，不蒙蔽性理，情便是善。得氣濁的人，則情濁，蒙蔽性理，於是便是惡。

朱子稱抽象的人性，爲「本然之性」；稱具體的人性，爲「氣質之性」。「本然之性」，只是理；「氣質之性」，有理有氣。情和「氣質之性」，意義並不完全相同，氣質之性，含義廣泛。情較氣質之佳，含義狹少。情由氣質之性而發。因此普通人說某人的氣質若何，不單是指的某人的感情怎樣，還指着人的脾氣，人的智力，但是情由氣而成，則是大家所承認的。

朱子的性善論，以性爲善，情則有惡有善。善惡的分別，在於蒙蔽或不蒙蔽人性天理。

「性只是理，然無那天氣地質則此理沒安頓處。但得氣之清明，則不蔽錮，此理順發出來。蔽錮少者，發出來天理勝；蔽錮多者，則私慾勝。便見得本原之性，無有不善。……只被氣質有昏濁，則隔了。故氣質之性，君子有弗性者

爲。」（語類）

「欲」卽是人的願望，願望由情而起，七情每次發動時，人心就發動而有欲。欲並不只是說願望求得一件客體，凡是情動時，人心都有所願，喜則願喜，怒則願怒。因此情慾兩字合用，而且還可互相替代。「私欲」則指的人心的情，發有不合於天理的欲。天理乃大家所公，情慾既不合於天理，便稱爲私，乃一個人的私自情慾。荀子說：「性者，天之就也。情者，性之質也。欲者，情之應也。」（正名）

乙、情的發動

A 感於物而動

情雖爲心之動，情並不是常在動。中庸說：「喜怒哀樂之未發，謂之中；發而皆中節，謂之和。」朱子說：「未發謂之性」。然而情之「未發」和性，不是完全相同。情之未發，乃是人性的本能，禮記所以說：「七者弗學而能。」本能在沒有發者時爲靜，在發動時纔爲動，再確實一點，我們該說：情在性內，只是七情本能的理。性與氣相結合而成心，得七情本能的理，乃成爲七情的本能，本能和外物相接觸時，本能發爲動作，於是乃有七情。所以說：情是感於物而動。

「天地儲精，得五行之秀者為人。其本也真而靜。……形既生矣，外物觸其形而動其中矣，其中動而七情出焉。」（程伊川　見上）

「人生而靜，天生之性也。感於物而動，性之欲也。」（禮記樂記）

「人心之動，物使然也。」（禮記樂記）

所謂情因感於物而動，不限於外物之誘。外物之誘，乃引人於惡。感於物而動，乃凡七情之動，都因物而動。「物」可在人之外，可在人之內。譬如因別人的話而動怒，而動喜，人言是在我以外。若因我自己的一念一思而動欲念，思想是在我以內。但是無論在我以內或在我以外，都是在七情本能以外。七情的動，要有本能以外的一物或對象，與以激動，七情纔因此而發。

B　情既動乃有善惡

理學家以前的儒家，討論性的善惡，都把善惡歸之於性。朱子繼承二程的學說，以善惡歸之於氣。氣和理分為二，理為性；這樣便把善惡不歸之於性，而歸之於情了。程朱雖不明白指出情字，然說是氣足以障蔽天理，氣若障蔽天理則為惡。氣之障蔽天理，在於情欲。儒家因此常說私欲可勝天理。

我們上面把情分為未發和已發。未發為七情本能，已發則為情感。朱子以人得氣之清濁而分善惡，這是以善惡在於七情之本能，得氣清的人，情的本能清；得氣濁的人，情的本能濁，本能清濁卽是人的善惡。對於這一點，清代學者有許多人反對。顏習齋說：

「譬之目矣：眶，皰，睛，氣質也；其中光明能見物者，性也。將謂光明之理，專視正色，眶皰晢乃視邪色乎？……光明能視，卽目之善；是視之也，則情之善；其視之詳略遠近，則才之强弱，皆不可以惡言。……」（存性篇）

顏習齋批評宋儒的性善論，很爲得當。善惡問題不是物的本體上的問題，乃是倫理問題。倫理問題以人的行爲作基礎；因此情的善惡，不在於情的本能，而在於情的發動。中庸說：「發而皆中節謂之和」，和是道德上的一種很高的境地；在倫理上，情凡發而中於天理者謂之善，不中於天理者，謂之惡。情淸情濁，只是先天向善向惡的一種傾向。

情之發動，由心加以主宰，心主宰情欲，稱爲意，意便有善惡了。情是人性本能的發動，由意裁制，使牠中節。意若不加裁制，情便可泛濫而爲惡了。

2. 才

人有性，有心，有情，還有才。

才字源自孟子。孟子說：「若夫爲不善，非才之罪了。」（告子上）朱子註說：「才，猶才質，人之能也。人有是性，則有是才。」

近思錄卷一。錄程子和朱子對於才的言論。程子說：「性出於天，才出於氣。氣清則才清，氣濁則才濁。才則有善不善，性則無不善。」朱子說：「程子此說才字與孟子本文小異。蓋朱子專指其發於性者言之，故以才無不善。程子專指其發其氣者言之，則人之才，固有昏明強弱之不同矣。」又說：「朱子論才是本然者，不如程子之備。曰：然則才亦稟於天乎？曰：皆天所爲。但理與氣分爲兩路。又問程子謂才稟於氣如何？曰：氣亦天也。」近思錄集註者加註說：「氣稟之殊，其類不一，非但清濁二字而已。今人有聰明通達事事曉了者，其氣清矣。而所爲或未必皆中於理，則是氣之不醇也。人有謹厚忠信，事事平穩者其氣醇矣，而所知所未必皆達於理，則是氣之不清也。推此類以求之，才自見矣。」

從以上所引的文據裏，我們可以知道，才是指的一個人的才能，人的才能，特別表現於人的智愚，因爲人的特點，在於識理；人的才能，便在識理上表現出來。識理的才能，有智有愚。

人的才，來自氣。氣清者爲智，氣較濁者爲愚。人的氣常是清於物之氣；但是人彼此之間，所具之氣，又有較清較濁者，因此有智有愚。

孟子說：才沒有不善的，是就才的本身說。人的才能，無論是多是小，總是樁好事，壞處是人使用才能不得其當。程子說：才有善有不善，是把才和情相混。朱子說程子所說較比孟子嚴密，實際不及孟子的確當。

一個人的智或愚，在於所具氣之清濁；一個人的賢或不肖，也繫於所具氣之清濁。那麼爲甚麼一個人的氣較清，一個人的氣較濁呢？理學家以爲這是在於「命」。

「伊川言天所賦為命，物所受為性，理一也。自天所賦與萬物言之故謂之命，以人物之所稟受於天言之故謂之性，其實所從言之地頭不同耳。」（朱子語類卷五）

上面我們看見程子和朱子，以性稟於天，氣亦稟於天，才也是賦於天，因此一個人的智愚，出於命。

註

❶ 惠棟　周易述易微言。

❷ 戴東原　孟子字義疏證。

❸ 見濂洛關閩書　卷之四。

第四章　生　活

中國哲學以「人生之道」作爲研究的對象，儒家固然全部思想集中在這一個對象，因而被稱爲「人文哲學」。道家老莊講論形上的「道」，但是講論「道」的目標，則在於人生，老子將「道」的虛無靜退作爲人生的原則，莊子更以「道」的自然飄渺，標爲生命的眞諦，佛教以萬法爲空，講天臺的止觀和華嚴的三重觀，仍舊爲教人脫離苦海，轉入涅槃。因此，在中國哲學的形上學，須要加「生活」的一篇，以求知中國形上學的全貌。西洋形上學可以停止在本體論上，中國儒家形上學則要研究人生活之道，講論生活的理論，至於生活的修養，儒家講論得很多，但是不能歸在形上學裏。

一、生活的原則

1. 法　天

易傳說：「易之爲書也，廣大悉備，有天道焉，有人道焉，有地道焉。兼三才而兩之，

故六。六者非它也，三才之道也。」（繫辭下 第十章）

天地人，儒家稱爲三才，爲宇宙的代表，上爲天，下爲地，中爲人。三者相合，成爲一體的宇宙，宇宙生命的流行，流行在一體內。流行的原則，卽宇宙變易的原則，在天地人內是同一的；所以易傳說：一卦內有天道人道地道。卦，象徵變易；道，指變易原則，天地人變易之道，合成宇宙的變易，變易相連，變易之道也相連。人的變易，就是人的生命，生命的活動爲人的生活，因此人生活之道，和天地變易之道相連，而是順着天地變易之道，儒家乃有生活的一大原則：卽是「法天」，

2. 守　禮

易傳說：「天造神物，聖人則之；天地變化，聖人效之；天垂象見吉凶，聖人象之；河出圖，洛出書，聖人則之。」（繫辭上 第十一章）

聖人洞悉天地變化之道，因爲聖人的心上沒有私慾的蒙蔽。便按照天地變化之道，製定人們生活的規則，天地變化之道，稱爲理；聖人製定的規則，稱爲禮。

中庸說：「雖有其位，苟無其德，不敢作禮樂焉。雖有其德，苟無其位，亦不敢作禮樂焉。」（中庸 第二十八章）禮爲生活規則，人人都該遵守，故應由在位的君王去製定；但若是君王沒有聖人的道德，也不敢製定禮樂；有聖人的道德，沒有君王的地位，當然也不能製禮。周公製禮，因爲他有執政的地位，孔子是聖人，但是只是私人的身份，沒有製定禮規；

在後代，儒家以孔子的話具有「禮」的權威，公羊學者便尊孔子爲素王，爲着平民衣服的君王。

禮，依照天理而定，禮記書上說得很清楚。

「夫禮，以承天之道。……是故禮，必本於天，殽於地，列於鬼神，達於表祭射御冠昏朝聘，故聖人以禮示之故天下得以正也。」（禮記 禮運）

「故聖人作則，必以天地為本。」（禮記 禮運）

「禮也者，禮之不可易者也。」（禮記 禮運）

孔子非常看重禮，標舉禮爲倫理道德的規範，人爲行善修德，必須守禮。

「孔子曰：夫禮，先王以承天之道，以治人之情，故失之者死，得之者生。」（禮記 禮運）

「顏淵問仁，子曰：克己復禮為仁。一日克己復禮，天下歸仁焉。為仁由己，而由人乎哉！顏淵曰：請問其目。子曰：非禮勿視，非禮勿聽。非禮勿言，非禮勿動。顏淵曰：回雖不敏，請事斯語矣！」（顏淵）

禮爲天理的具體條文，人的生活以天地之道爲規律，天地之道爲天理，人的生活便以禮爲規範。

到了漢初，儒家已進到人的本體意義，人爲氣所成，氣的結合而成人性，人性依照天理而定，中庸開端便說：

「天命之謂性，率性之謂道，修道之謂教。」（中庸 第一章）

人生活的規範乃是人性，人性是人的天理；宋朝理學便以天、命、性、理，在意義上相同。大學開端也說：

「大學之道，在明明德，在親民，在止於至善。」（大學 第一章）

明德爲人性，明明德就是顯明人性，在人生活的各方面，都將人性顯靈出來，事事使人看出人性的天理，法天的原則，由守禮進爲率性。

二、誠

1. 中庸的誠

中庸以率性爲人生活的原則，率性稱爲誠，中庸第二十章說：

「誠者，天之道也；誠之者，人之道也，誠者，不勉之中，不思而得，從容中道，聖人也。誠之者，擇善而固執之者也。」

「自誠明，謂之性。自明誠，謂之敎。誠則明矣。明則誠矣。」(中庸　第二十一章)

「唯天下至誠，為能盡其性。能盡其性，則能盡人之性。能盡人之性。則能盡物之性。能盡物之性，則可以贊天地之化育。可以贊天地之化育，則可以與天地參矣。」(中庸　第二十二章)

「誠者，自成也，而道自道也。誠者，物之終始，不誠無物。是故君子誠之為貴。誠者，非自成己而已也，所以成物也。成己，仁也，成物，知也。性之德也，合全外之道也。故時措之宜也。(中庸　第二十五章)

「故至誠無息，不息則久，久則徵，徵能悠遠，悠遠則博厚，博厚則高明。博厚，所以載萬物也；高明，所以覆物也；悠久，所以成物也。博厚配地，高明配天，

悠久無疆。如此者，不明而章，不動而變，無為而成……。」（中庸 第二十六章）

大學和中庸思想的系統，以人性爲根基。人性來自天，表現於人心。天、性、心，互相貫通，意義相同。「誠」，爲誠於人性，卽是率性，所以說「自誠明，謂之性」，性是自己明淨，爲「明德」，人祇要誠性於，性自然會顯明。「自明誠，謂之教」，人努力去誠於人性，便是教育，如同大學所說：「大學之道，在明明德。」

「誠者，自成也，而道自道也。誠者，物之終始，不誠無物，是故君子，誠之為貴。」

誠不是太極，「自成」不是「自有」；誠於性，卽是率性，物自然發揚以完成自己的性，如同中庸第二十二章所說盡性，「自成」自然完成自性的發展，「不成無物」，從本體論說，若是一物不是依照自己的物性，這個物便不能存在。西洋士林哲學主張「有」在本體上，常是眞美善。「道，自道也」，說是「率性之謂道」，「大學之道」，這種道，是人性自然之道，人必定要誠，「不誠無物」人在本體上不誠，則不是人，在倫理上不誠，則不成爲人。

「誠者，聖人也」，因爲聖人沒有私慾的蒙蔽，自然順着人性，「不勉而中」，普通一般人則有私慾的困擾，必須擇善固執，若能達到至誠的境界，則盡性而盡人性，且更能盡物性，即是能貫通天地之道，乃能贊天地的化育，達到天人合一的至善。

2. 周敦頤的誠

易經的思想，由戰國到宋朝，經過了兩次修改：第一次是漢朝五行讖緯之說摻入易經，第二次是漢晉南北朝道教長生之術混亂了易經。宋朝理學家所有的易經思想充份地表現了這種修改了的易經，他們中間最著名的是周濂溪和邵康節。

周濂溪作太極圖說和通書，太極圖有太極，陰陽，有五行，有男女，有萬物。太極乾坤是易經原有的思想，五行則是漢朝的思想，無極和陰陽男女更是道教的思想。陸象山便反對周濂溪太極圖說的無極，因爲既是道家的學說，而且和通書的思想不合，乃懷疑太極圖不是周子所寫的作品，而是僞作：

「梭山又書云：聖人發明道之本源，微妙中正，豈有不同一物之理，左右言之過矣。今於上又加無極二字，是頭上安頭，過為虛無好高之論也。」（晦庵答陸子美書）

「象山陸九淵第一書云梭山兄謂太極圖說與通書不類，疑非周子所為。不然則是其學未成時所作，不然則或是傳他人之文，後人不辯也……通書中焉止矣之言，與之昭然不類，而兄曾不之察，何也？太極圖說以無極二字冠焉，而通書終篇，未嘗一及無極字。二程言論文字至多，亦未嘗一及無極字。假令其初實有此圖，觀其後來，未嘗一及無極字，可見其學之進而不自以為是也。……」

（晦庵答陸子靜書）

朱子和陸子美陸子靜反覆辯論，持力辯護自己的主張以太極圖說爲周子的著作，「無極而太極」之論，和易經不相衝突；而且朱子註釋通書時，以太極圖說的思想爲基礎。通書的思想，以「誠」爲主；太極圖說的思想，以「太極」爲主，兩書且都是周子的著作，則必定可以互相貫通。太極和誠究竟有什麼關係？

現在研究中國哲學的學者，早已注意這問題。

甲、吳康先生所著的「宋明理學」第一章論周敦頤時說：

「太極卽絕對，卽宇宙之本體或第一原理亦卽最高之命，此絕對或本體抑第一原理，為周普，為徧在，而不可指言為某一物，某一事，故亦曰無極。」❶

「濂溪之釋誠，為出於乾元，純粹至善，無為而為善惡之幾，發微而不可見，充周而不可窮，性命之源，五常百行之本；則誠卽大傳之易，而為宇宙萬有之本之『純粹活動』（Actus purus）也。此熟粹活動之本質，有下列各義：宇宙之本源，……本體周徹，……功能周徹，……無本末無終始……」❷

吳康先生的解釋，雖然沒有明說「誠」是「太極」，實際則是以「誠」等於「太極」。他說「誠卽大傳之易」。

但是吳康先生又以誠爲宇宙本體的純粹活動，而附加拉丁術語和中文術語「純粹活動」，兩者的意義不相同。拉丁術語爲士林哲學的術語，意爲「純粹的現實」。「純粹的現實」乃是不含潛能的現實，沒有變易的現實，是絕對的有，是完全的自立主體。純粹的現實則不是活動，更不能成爲宇宙本體的活動了。

捨了拉丁術語而祇取中文術語，「誠」爲宇宙本體的純粹活動；但又以這種活動爲宇宙的本源，爲無本末無終始，則又互相衝突，意義混亂不淸。而且這種思想必不是周子所想到。

乙、唐君毅先生所著「中國哲學原論」第一册第十三章「原太極上」，特別提出了這個問題。君毅先生且以「通書」解「太極圖說」，以周子的「無極而太極」是較易經更進一步的思想，而太極的意義，則由「通書」的誠去解釋。他說：

「而通書之概念，可與圖說中之太極相當者，則是誠或乾元之概念。誠之概念，原自中庸。吾人如以誠之概念同於太極，為足以規定太極之涵義者，則吾人復可說濂溪在儒學史上之特殊地位，即其綜合易與中庸之思想為一，或以中庸釋易。而此亦昔所未有，後張橫渠之學，亦以通中庸與易傳為宗。伊川進而兼以中庸論孟之旨注易，是皆開宋代易學之義理一路之先河，而別於王弼韓康伯注易，求兼通於老子之玄理者也。」❸

「今本此意以釋圖說，誠既相當於太極，則太極之本，只當以無說之，而且說之以無極。此正猶通書之以無思無為，寂然不動，說誠也。而太極之用，則首先於動有，正如誠之動之為有。……」

「唯以通書之誠，原出中庸，原為一道德性之天道與人道人德，涵具真實存在及至善之義者；則吾人今以誠之義，規定太極之義，便可確立太極為一涵具真實存在之性質及至善之性質者……。」❹

唐先很費費心思，又多加說明，並且也說：

「然吾人於此，却未嘗如朱子之確定太極一名之所指者為至極之理，自亦不須如朱子之於無極之極及太極之極，分作二解，謂一極指形，一極指理。而唯是據通書，以圖說中之太極之一名義，翻譯之為一真實存在之天人一貫之誠道，而無極之名則只為遮詮。易之太極之名，亦正賴吾人之此翻譯，而得其進一步之實義。」❺

我對於唐先生的解釋，新穎而且深入，很表欽佩；但是我卻不完全表示同意。我所同意之點，是通書的誠和太極圖說的太極，互有關係，互相說明；不同意之點，是唐先生所說誠即是太極。

3. 誠的意義

甲、通書的誠不是太極圖說的太極

唐先生說：

「通書言誠之為源，謂即乾元，即萬物所資始；正同於圖說之以太極為萬物之所自生。是即萬物之所以為一也。」❻

但是「通書」的「誠上第一」說：

「誠者，聖人之本。大哉乾元，萬物資始，誠之源也。」

通書開端第一句說：「誠者，聖人之本」，沒有說：「誠者，萬物之本」太極則是萬物之本，而不是聖人之本。聖人之本，乃是聖人之所以成聖人，這是倫理方面的事。萬物之本，則是萬物之所以成萬有，這是形上本體方面的事。兩是互不相同，不能混爲一談。

通書又說誠有自己的本源，本源是乾元。太極則是萬物的本源，太極自己不再有源。因此太極在上，誠在下，誠不是太極。

唐先生說：「通書言誠爲人之本，正同圖說之言人性之本於太極，爲人極之所以立。」❼實際上兩者不同：圖說言人性本於太極，爲形上本體論，由本體論到倫理論，乃以太極變易之道，以立人極。我們決不能以人極就是太極。

唐先生所以把誠和太極相混，緣因乃是他以中庸之誠，爲形上的實體。然而他又處處以誠爲德，「誠在中庸，原爲一道德性之天道天德與人道人德，涵具眞實存在及至善之義者。」❽

「誠」既爲德，衹能說是太極之德，或說是天地在變化中所守之德，而不能便以爲是太極。

朱子也曾以周子的誠爲太極，他在通書第一章的註解裏說：「誠者至實，無妄之謂。天所賦，物所受之正理也。人皆有之，聖人之所以聖者，無他焉，以其獨能全此而已。此書與太極圖相表裏，誠，卽所謂太極也。」⑨

朱子的解釋，和自己思想連貫。他以太極爲理，以誠爲人所得於天之正理，誠乃是太極。但是周子，並沒有以太極爲理，而且也不可能以太極爲理，誠也又不是爲理，因此誠決不是太極。

乙、誠是太極之德

老子的道德經以「道」爲宇宙的本源，「道」，變化無窮，化生萬物。「道」的變化乃是自化，「道常無爲而無不爲，王侯若能守之，萬物將自化。」(道德經　第三十七章)「道」自化的原則爲「自然」，「人法地，地法天，天法道，道法自然。」(道德經　第三十七章)「道」的自然而自化的力，稱爲德。莊子說：「動以不得已之謂德。」(莊子　庚桑楚篇)「道」自化而不得不動，因爲自然要動，「道」自然而動的原則規律，也稱爲德。

自然而動，是必定要這樣動；必然要這樣動，便不會有另一樣的動；所有的動作，完全和本性相合；這就是誠。道家稱道的動常爲自然，儒家稱太極和天地之動常是誠。

誠便是太極之德，也是天地之德。

中庸第一處講「誠」的，是第二十章，章上說：

「誠者，天之道也；誠之者，人之道也。誠者，不勉而中，不思而得，從容中道，聖人也。」

「誠者……聖人也。」這種思想和周子通書的第一章所說相同。通書第一章開端就說：

「誠者，聖人之本。」

第二章又說：

「聖，誠而已矣。誠，五常之本，百行之源也。」

「五常之本，百行之源」即是說「人道」之本。這一點即是中庸所說「誠」爲人道之本。「誠者，天道也；誠之者，人道也。」

「誠」，爲天道或天德，因爲天地的運行，必定按照自己運行的規律而動，絕對不能有僞。朱子也曾解釋誠「爲至實無妄之謂。」

我所謂的德，是行爲之道。在倫理學方面，以按行爲之道而行，有所得於心，有所得於行動之動，按行道之道造成習慣，乃稱爲德。通書第五篇愼動說：

「動而正曰道，用而和曰德。」

這是從人一方面說：天地之動，則常是正，常是和，故天地之動便稱爲天道天德，天道天德的所以然究竟怎樣，就是誠。人之動，則不常是正，不常是和；因此，便該是「誠之」，「誠於自己的人性天理，使行動常是眞實無妄」

天地之道，也是太極之道；天地來自太極。太極不可見，不可言。太極生乾坤，乾坤爲天地，乾坤則可言了，故易經常說乾坤之道，中庸大學則說天道。

通書乃說：「大哉乾元，萬物資始，誠之源也。」誠爲乾元之德，誠發源於乾元。

丙、誠是太極變化之能力

德，本來也有能的意思，有力的意思。在道德經，德也代表道的自化之能；由自化之能，進而代表道之自化，代表道之變動。太極之德，便可以指着太極變化的德能，指着太極變易的動。

在中庸上，「誠」除指天道天德以外，又指天地乾坤之動。「誠者，自成也。……誠者，物之終始，不誠無物。……」「故至誠不良，不息則久……。」

周子通書裏也有這種思想。

「乾道變化，各正性命，誠斯立焉。……元亨，誠之通；利貞，誠之復。大哉易也，性命之源乎」（第一篇誠上）

誠由乾道變化而立；因爲萬物因着乾道的變化而有性命，按着性而行乃稱爲誠。物之性命，由太極的變易而有根源。誠因着性命而立。這個誠字是指着德性。元亨利貞，則是乾道的變化；周子以元亨爲「誠」的通知復，便是以誠爲乾元的變動了。

通書且以「誠」有幾有神。「幾」爲將動未動的狀態，「神」則是靈妙的行動。通書說：

「寂然不動者，誠也；感而遂通者，神也；動而未形有無之間者，幾也。」（第四篇聖）

朱子註解說：「本然而未發者實理之體，善應而不測者實理之用，動靜體用之間，介然有頃之際，則實理發見之端，而衆事吉凶之兆。」⑩

朱子以誠爲理爲太極，乃以神爲誠之用，或爲誠之動的端倪。我不以誠爲理爲太極，祇以誠爲太極之動，或說乾元之動。太極之動，乃動而不動，故曰寂然不動，然而太極有動，太極之動有神，有幾。在人一方面，人的動，可以是誠，因此，也有神有幾。人眞能誠而神而幾，便是聖人。「誠神幾，曰聖人。」（通書　第四篇聖）

丁、誠的特點

通書既以「誠」爲太極或乾元的德能，爲太極或乾元的動，通書就說明「誠」的幾種特點；這些特點乃是易經所說乾元變易的特點。通書說：

「靜而動有，至正而明達。」（第二篇誠下）

「誠無爲。」（第三篇誠幾德）

「寂然不動者，誠也。」（第四篇聖）

「天道行而萬物順，聖德修而萬民化，大順大化，不見其迹，莫知其然之謂神。」（第十一篇順化）

「動而無靜，靜而不動，物也。動而無動，靜而無靜，神也。物，則不通；神，妙萬物。……」（第十六篇動靜）

「至誠則動，動則變，變則化。」（第三十五篇擬議）

易經講解乾坤變化之道，說：

「範圍天地之化而不過，曲成萬物而不遺，通乎晝夜之道而知，故神無方而易無體。」(繫辭上 第四章)

「夫乾，其靜也專，其動也直，是以大生焉。夫坤，其靜也翕，其動也闢，是以大生焉。」(繫辭上 第五章)

「易，無思也，無為也，寂然不動，感而遂通天下之故，非天下之至神，其孰能與於此。」(繫辭上 第九章)

易經以易爲變易，爲動；周子以誠爲變動；誠卽相當於易。易無爲，寂然不動；誠也是無爲，寂然不動。然而易，感而遂通，稱爲天下之至神；誠也是靜而動，至正明達，動而不見其跡。因此可以看到周濂溪以誠爲太極的變易。

戊、以誠貫通易經與中庸、大學

宋明理學家的旨趣，趨向於修身之道，儒家修身之道，在於大學的明明德和中庸的率性。怎樣明明德？在於正心誠意。怎樣率性呢？在於誠。誠，爲著實無妄，無妄故能率性，率性故能明明德。這是從倫理學方面去講，誠爲聖人之本。

從形上學方面去講，人性來自乾元的變化，「乾道變化，各正性命。……大哉易也，性命之源也。」誠是易，是乾元，誠又是人性之本。

易和誠，是無爲，是寂然不動，在不動中有動。中庸乃說：「喜怒哀樂之未發，謂之中；發而皆中節，謂之和。中也者，天下之大本也。和也者，天下之達道也。」七情未發謂之中，乃是寂然不動，寂然不動之中，中，謂之天下之大本，卽是說「大哉易也，性命之源也。」「誠者，聖人之本。」把本體論和倫理結合在一齊，易和中庸相貫通。因此通書乃說：「易何止五經之源，其天地鬼神之奧乎。」（第三十篇）

以中庸之誠貫通大學的正心，周子的遺書中有「養心亭說」一篇。「養心亭說」中有云：

「……予謂養心不止於寡而存耳，蓋寡焉以至於無。無，則誠立明通。誠立，賢也；明通，聖也。是賢聖非性生，必養心而至之。」⑪

養心莫善於寡欲，爲孟子的正心法，周子以寡欲應至於無欲，無欲則「誠」立。「無欲」來自佛教，以無欲能正心，本不和中庸大學之道；但周子以無欲作爲中，作爲明明德，無欲代表寂然不動，無欲便是誠了。他又回到他的一貫的思想上了。

註

❶ 吳康、宋明理學、華國出版社，民國四十四年版、頁三九。
❷ 同上、頁四三。
❸ 唐君毅、中國哲學原論上册、人生出版社，民國五十五年版、頁四一三。
❹ 同上、頁四一七。
❺ 同上、頁四一七。
❻ 同上、頁四一四。
❼ 同上、頁四一四。
❽ 同上、頁四一六。
❾ 見周濂溪集、卷五、頁七四。
❿ 同上、卷五頁八七。
⓫ 同上、卷八、頁一三九。

三、中

1. 未發和已發

中庸以誠代表率性，率性的情況怎樣？中庸說：「喜怒哀樂之未發謂之中，發而皆中節謂之和，中也者，天下之大本也；和也者，天下之過道也。致中和，天地位焉，萬物育焉。」中庸的這段話，本來很簡單，也很明白，講行爲的善惡，在於合不合禮。禮是人生活的規範，人生活在情感中活動，禮便是情感活動的節奏。合於禮，是善；不合於禮，是惡。

宋朝理學常把倫理境界和本體境界相混，朱熹就以倫理善惡根於氣的清濁，呂大臨也以中庸所說的「中」爲人性。他說：「中庸，道之所由出也。」「中卽性也。」(宋元學案　呂范諸儒學案　頁五十五) 又以中爲人心的本體，「當其未發，此心至虛，無所偏依。故謂之中。」(同上) 心的本體既是未發，未發爲靜，於是中和未發，和心，和靜坐相連，楊時主張靜坐，羅從彥和李侗更實行靜坐。李侗爲朱熹的老師，實習靜坐四十年，朱熹不接受靜坐的修行方法，而主張「守敬」。但是他也參加了未發和已發的爭論。

對於這個問題，朱熹有舊說和新說，朱熹雖不接受李侗(延年)的靜坐，但很注意保持未發氣象以修行。

「李先生敎人，大抵令於靜中體認大本未發時氣象分明，卽處事應物，自然中節，此乃龜山門下相傳指訣。」(文集卷四十　答何叔京三十二書之第二書)

朱熹和張栻(南軒)交情很深，常常討論學術，對於中庸的未發和已發便互相討論。朱熹三十八歲往潭州拜訪張南軒，留住兩個月。屢屢就中庸的這個問題意見不合。張南軒在修行上，主張由已發去體驗未發；朱熹主張從靜坐未發去認識心的本體。後來兩人信札往返，朱熹乃作成他的舊說：以未發爲性，已發爲心。

「蓋有渾然全體應物而不窮者，是乃天命之流行，先生不已之機，雖一日之間，萬起萬滅，而其寂然之本體，則未嘗不寂然也。所謂未發，如是而已！夫豈別有一物，限於一時，拘於一處，而可以謂之中哉！」(文集 卷三十 與張欽夫十書之第三書)

「蓋通天下只是一個天機活物，流行發用，無間容息。據其已發者而指其未發者，則已發者人心，而未發者皆其性也；亦無一物而不備矣。夫豈別有一物，限於一時，限於一處，而名之哉！」(文集 卷三十二 答張敬夫十八書之第四書)

朱熹四十歲以後，修改了自己的主張，在與湖南諸公論中和的書信裏，說明了自己的新說。

「中庸未發已發之義，前此認得此心流行之體，又因程子「凡言心者皆指已發而言」，遂目心為已發，性為未發。然觀程子之書，多所不合。因復思之，乃知前日之說，非惟心性之名，命之不當，而日用工夫全無本領。蓋所失常不但之義之間而已。」（文集 卷六十四 與湖南諸公論中和第一書）

「因復體察，見得此理須以心為主而論之，則性情之德，中和之妙，皆有條而不紊矣。然人之一身。知覺運用，莫非心之所為，則心者固所以主於身，而無動靜語默之間者也。然方其靜也，事物未至，思慮未萌，而一性渾然，道義全具，其所謂中，是乃心之所以為體，而寂然不動者也。及其動也，事物交至，思慮萌焉，則七情迭用，各有攸主，其所謂和，是乃心之所以為用，感而遂通者也。」（文集 三十二 答張敬夫十八書之第十八書）

朱熹新說以未發已發都屬於心，未發爲體，已發爲用；這樣便以「中」爲心之體。未發既是靜，中便是靜。若是修行在於保持心之本體，則又是主靜了，仍舊和舊說在根本上沒有多大分別。祇是朱熹把靜字換成敬字，敬不是靜，而是動；主靜，在於動中有靜，主於一。

2. 中

中，不是本體，是天地之道，爲宇宙變易的原則，也是人生活的原則。程頤曾以爲

「中」，是心未發時的氣象。心所以有這種氣象，則是有中正的原則。

書經中的洪範篇中，首先提出了這個原則：

「無偏無陂，遵王之義；無有好作，遵王之道；無有作惡，遵王之路。無偏無黨，王道蕩蕩；無黨無偏，王道平平；無反無側，王道正直，會有其極，歸有其極」。

人民的生活，遵從君王的指示；君王的指示，必定中正不偏。這種思想稱爲大中，稱爲皇極。僞今文書經的大禹謨，有四句話：「人心惟危，道心惟微，惟精惟一，允執厥中。」這篇文字雖屬僞書，然而執中的話在論語中有：「堯曰：咨爾堯，天之曆數在爾躬，允執其中，四海困窮，天祿永終。」（堯曰）

孔子在論語和中庸裏，都嘆惜說：

「中庸其至矣夫！民鮮能久矣。」（中庸 第三章）（論語雍也）

中庸爲不過，不不及；然而不是呆板的規律，而是事事適合環境的要求，所以是時中，中庸說：

「君子中庸，小人反中庸。君子之中庸也，君子而時中；小人之中庸也，小人而無忌憚。」（中庸　第二章）

君子守中庸，以禮為標準；禮的運用，須合於時。合於時，則為時中。孟子曾經說：「執中無權，猶執一也。所惡執一者，為其賊道也，舉一而廢百也。」（盡心上）例如嬖人臧倉向魯平公說孟子後喪踰前喪，父的喪禮薄於母的喪禮，不是君子。樂正子答辯說：「何哉？若所謂踰者，前以士，後以大夫，前以三鼎而後以五鼎與？曰：否！謂棺槨衣衾之美也。曰：非所謂踰也，貧富不同也。」

時中，然而不是隨流合汚。中庸特別說明「中」，須強執原則，中立不左不右：「故君子和而不流，強者矯！中立而不依，強者矯！國有道，不變塞焉，強者矯！國無道，至死不變，強者矯！」（中庸　第十章）

漢朝講易經，以卦氣為主，又以卦配四方和四季。春配東方，配木。春的氣，為陰始衰，陽始盛；也就是春的時中。若是春天陽很衰或陰很衰，就是說春天很熱或很冷，氣候就不時中。夏天則是陽盛陰衰，配火配南方。若是夏天不冷不熱或者冷，氣候也就不時中。

漢儒又以中爲心，心居人之中。禮記的樂記和史記的樂書，都說：「情動於中」，中是心。宋朝理學家討論「喜怒哀樂之未發，謂之中」，呂大臨、羅從彥、李延年，都以「中」爲人的主體，朱熹先解釋中爲性，後來解釋爲心的體；程頤則以爲中爲心的氣象。這些意見都和動靜的觀念有關係。宋儒多認爲心的本體爲靜，人心靜則安，如同大學所說：「知止而後有定，定而後能靜，靜而後能安，安而後能慮，慮而後能得，物有本末，事有終始，知所先後，則近道矣。」（第一章）而且隋唐的道教，以宇宙元氣爲中，元氣爲宇宙的本體，中便是宇宙本體了。何況老莊特別講虛靜，道家和道教，更以中爲虛靜的「道」。佛家講三諦，以中包括有和空，有，不有；空，不空。實際上，這都是中國哲學的體用合一所造成的；中是用，不是體；因爲體用合一，中就成爲本體了。

四、仁

儒家不都贊成以「中」爲心的本體，但都贊成以「仁」爲心的本體，易傳說：

「天地之大德曰生，聖人之大寶曰位。何以守位？曰：仁。」（繫辭下第一章）

朱熹乃主張在天曰生，在人曰仁，仁就是生。孔子曾說他的思想，用一字可以貫通；這個字，是「仁」。

1.仁的涵義

甲、仁為天心人心好生之德

理學家的「仁」德，有什麼意義呢？他們又往易經去求仁的意義。易經說：「生生之謂易。」（繫辭上 第五）又說：

「天地之大德曰生，聖人之大寶曰位。何以守位？曰仁。」（繫辭下 第一）

程明道解釋說：

「天地之大德曰生。天地絪縕，萬物化醇，生之謂性，萬物之生意最可觀。此元者，善之長也，斯謂仁也。」（二程遺書 卷十一）

易經所謂天德，稱爲仁。人所應有的人德，也就是仁。天德爲天心之理，天心之理，在於生物，因此說天地以生物爲心。生物之心，卽稱爲仁。朱子說：

「天地以生物為心者也，而人物之生，又各得夫天地之心以為心者也。……蓋仁之為道，乃天地生物之心，卽物而在，情之未發，而此體已具，情之旣發，而其用不窮。」（朱子仁說　朱子大全　卷六十七）

周子說：「天以陽生萬物，以陰成萬物。生，仁也；成，義也。」（通書　順化）爲懂得「生，仁也」的意義，更好借用董仲舒的話：

「夫仁也，天覆育萬物，旣化而生之，有養而成之，事功無已，終而復始，凡舉歸之以奉人。察於天之意，無窮極之仁也。人之受命於天，取仁於天而仁也。」（春秋繁露　王者通）

天德之謂仁，是天地化育生物之心。在這種化育之中，包含着愛萬物之心。所以仁字包含一愛字，又包含着發育。

理學家裏，解釋仁字時，有人偏於愛字，有人偏於生字。

乙、仁不僅是愛也不僅是生

仁字的解釋，在儒家的傳統思想裏，常稱爲愛。孔子以仁爲全德，仁的意義很廣。但也屢以仁爲愛。孟子談仁義，常以愛爲仁。韓愈在原道篇說：「博愛之謂仁。」周濂溪解釋四德，主張：「愛，仁也。」

程頤和朱熹則明明指出，愛字不能概括仁字，仁的含義，較比愛的含義更廣泛。

程頤說：「孟子曰：『惻隱之心，仁也。』後人遂以愛爲仁。惻隱固是愛也，愛自是情，仁自是性，豈可以愛爲仁？孟子言惻隱爲仁，蓋謂前已言「惻隱之心，人之端也。」既曰仁之端，不可便謂之仁。退之謂博愛之謂仁，非也。仁者固博愛，然便以博愛爲仁，則不可。」（朱子語類　卷五）

愛不足以稱仁，博愛也不可稱爲仁。卽是大公無私，還不是仁的本意。程頤曾主張公而無私爲仁，他說：

「仁之道，要之只消道一公字，公卽是仁之理，不可將公便換做仁。公而以人體之故為仁。」（朱子語類　卷五）

朱熹解釋程子的話說：「公不可謂之仁，但公而無私，便是仁。」

但是程朱的話都不澈底。他們既是主張仁爲性爲理，愛爲情爲用，他們以博愛不足稱爲仁；那麼大公無私，又爲什麼可以稱爲仁呢？大公無私難道不是和博愛一樣，同屬於情，屬於用嗎？若說公是理，爲什麼博不是理，而是情呢？

理學家中，又有人專從性理方面去解釋仁，主張仁就是生命之理。有仁卽是說有生。謝良佐有這種主張：

「心者，何也？仁是已。仁者，何也？活者為仁。死者為不仁。今人身體痲痺不知痛癢，謂之不仁。桃杏之核，可種而生者謂之仁，言有生之意；推此仁可見矣。」（上蔡語錄）

朱子也曾說：

「仁，是箇生理，若是不仁便死了！」（朱子語類　卷五）

但是朱子卻又反對上蔡的主張。他說：

「上蔡說仁是覺，分明是禪。」（朱子語類　卷五）

「上蔡說孝弟非仁。孔門只說為仁，上蔡却說知仁，只要見得此心，便以為仁。上蔡之說，一轉而為張子韶，子韶一轉而為陸子靜。上蔡所不敢衝突者，子韶盡衝突。子韶所不敢衝突者，子靜盡衝突。」（語類）

上蔡和張九成（子韶）等以仁爲生理。但仁的完成，在於自反於心，而知覺自心之仁。他們對於仁，重在「覺」。張九成說：

「仁卽覺，覺卽是心。因心生覺，因覺有仁。」（橫浦心傳）

以覺心爲仁，是因爲以心爲理；朱子說子韶一轉而爲陸子靜，陸子靜卽是主張以心爲理的人。但是朱子批評上蔡的主要理由，在於覺字爲佛教語。以覺爲仁，豈不是近於禪了。我們卽捨了覺字而就生字說，以生理爲仁，也不是儒家的正統思想，單有生理，仁字便和愛字沒有關係。愛字單獨不足以代表仁，生字單獨也不足以代表仁。愛和生連合起來，纔可以代表仁。

丙、仁爲德綱

理學家談五常而重仁義，重仁義而又更重仁。

「仁」在孔子的思想裏，涵義最廣，應該解爲全德。孔子自己說：「若聖與仁，則吾豈敢！」（論語 述而）仁幾乎在聖以上。

理學家以仁爲諸德之首，而且爲德綱，他們是繼承孔子的思想。但是他們的解釋，則是根據形而上的性理。

仁爲諸德之首，因爲元亨利貞的元相配於仁之元，爲衆善之長，但所謂長，可以說是和衆善還是同在一列。仁爲五常之首，禮義智信還是和仁同等。於今另外有一種理由，把仁從五常裏提出來，安置在一至高的位置，使它成爲諸德的根基。連「義」也不能和它同列了。這種理由，卽是仁爲心之體，義爲心之用。

孟子曾說：「仁，人心也」，理學家因各人對於心的主張不同，或以仁爲心之理，或以仁爲心。然而或是心中有理，或是心卽理，理則只有一個，仁便也是一個。在這一個「仁」裏，包含有一切德行的理由。

張載說：「仁者，德之原也。忠恕者，與仁俱生。禮義者，仁之用。敦厚虛靜，仁之本。敬和接物，仁之用。」（語錄 全書卷十二）又說：「義，仁之動也。流於義者，於仁或傷。仁，體之常也，過於仁者，於義或害。」（正蒙 至當）

張子以太虛爲仁之源，以義爲仁之用。在張子的思想裏，仁可以說是一切德行的「體」；因此他說：「禮義者仁之用。」「敬和接物仁之用。」

朱子說：

「故語心之德，雖其總攝貫通，無所不備。然一言以蔽之，則曰仁而已矣。請試詳之。蓋天地之心，其德有四，曰元亨利貞，而元無不統。其運行焉，則為春夏秋冬之序，而春生之氣無所不通。故人之為心，其德亦有四，曰仁義禮智，而仁無不包。……誠能體而存之，則衆善之源，百行之本，莫不在是。此孔門之教，所以必使學者，汲汲於求仁也。……此心何心也？在天地則〇然生物之心，在人則溫然愛人利物之心，包四德而貫四端者也。……或曰：程氏之徒，言仁多矣。蓋有謂愛非仁，而以萬物與我為一，為仁之體者矣。亦有謂愛非仁，而以心有知覺釋仁之名者矣。今子之言若是，然則彼皆非歟？曰：彼謂物我為一者，可以見仁之無不愛矣，而非仁之所以為體之真者也。彼謂心有知覺者，可以見仁之包乎智矣，而非仁之所以得名之實者也。」（朱子 仁說）

「今日要識得仁之意思如何。……集註說愛之理，心之德。愛是惻隱，惻隱是情，其理則謂之仁。心之德，德又只是愛？謂之心之德，卻是愛之本柄。……且如程先生云：偏言則一事，專言則包四者。上言四德之先，猶五常之仁。恰似有一個小小底仁，有一個大大底仁。偏言則一事，是小小底仁，只做得仁之

一事。專言則包四者，是大大底仁，又是包得禮義智底。」(朱子語類 五卷)

「仁字，須兼義禮智看，方看得出。仁者，仁之本體。禮者，仁之節文。義者，仁之斷制。智者仁之分別。猶春夏秋冬雖不同，而同出於春。春，則生意之生也。夏則生意之長也。秋，則生意之成，冬則生意之藏也。」(朱子語類卷五)

上面所引朱子的話，很明白地說出仁爲諸德之綱的理由。在實行上，仁也是使人心擴張到和天心一樣大，能夠兼包諸物，贊天地之化育。張子說：

「大其心，則能體天下之物。物有未體，則心為有外。……天大無外，故有外之心，不足以合天心。」(正蒙 大心)

人心合於天心乃仁。仁者仁民而愛物其最著者爲孝弟；故仁爲孝弟之本。朱子說：

「或曰：程子以孝弟為仁之本，而又曰：論性，則以仁為孝弟之本，何也？曰：仁之為性，愛之理也。其見於用，則事親從兄仁民愛物，皆其為之之事也。此論性而以仁為孝弟之本者，然也。但親者我之所自出，兄者同出而先我。故事親而孝，從兄而弟，乃愛之先見而尤切者也。……此學孝弟所以為仁之本也。」（論語或問說一　朱子大全　卷六十七）

2. 仁之實孝

甲、孝

孟子曾說：「仁之實，親是也；義之實，敬是也。」又說：「親親，仁也；敬長，義也。」（盡心上）仁的實際工作乃在於孝。仁，是生，是愛之理；人的生命，由父母而來，要回到父母。儒家的仁道，便行之於父母，愛由自身的生命，更當生命的根源，卽是父母和祖先。兒女的身體，稱爲父母的遺體。遺體的一切，應歸之於父母。因此，在實際上，孝，包括一切善德，排除一切惡行。兒女行善，便是孝；兒女作惡，就是不孝。兒女從出生到死，對父母都要盡孝道，若是父母已經去世，兒子要祭祀，儒家的孝道，以生命爲基礎。孝，是要把兒女的生命都爲父母而工作，在縱面的時間上，兒女從出生到死，在橫面的空間上，兒女的全部活動，都屬於孝道。因此，儒家祭天的大典，以皇帝的父母配天。

「萬物本乎天，人本乎祖，此所以配上帝也。郊之祭也，大報本反始也。」

（禮記 郊特牲）

「是故仁人之事親如事天，事天如事親，此謂孝子成身」（禮記 大昏禮）

孝，以生命爲本；孝的意義，爲「報本返始」。返到生命的根本，一心報答。宇宙的生命，綿延不斷；人的生命也綿延不斷，世代相傳。兒子的生命和父母的生命相連。

「身也者，父母之遺體也。行父母之遺體，敢不敬乎！」（禮記 祭義）

「天之所生，地之所養，無人為大，父母全自生之，子全而歸之，可謂孝矣。」

（禮記 祭義）

兒女的生命和父母的生命相連，兒女的身體爲父母的遺體。兒女的生命爲父母生命的延續，兒子對於自己的思言行爲，不能不謹愼。

「曾子曰：孝有三：大孝尊親，其次弗辱，其下能養。」（禮記 祭義）

奉養父母，爲孝道的起點，律法上定有刑責。奉養不僅在物質上的奉養，還要在精神上表現自己的誠心。

「子曰：今孝者，是謂能養，至於犬馬，皆能有養，不敬，何以別乎？」（論語　爲政）

兒女的行爲，反映到父母身上；兒子行爲不善，使父母受辱，便爲不孝。司馬遷曾說：

「行莫醜於辱先，詬莫大於宮刑。……僕以口語遇此禍，重為鄉黨所笑，以汚辱先人，亦何面目復上父母丘墓乎！」（報任少卿書）

「孟子曰：世俗所謂不孝者五：惰其四支，不顧父母之養，一不孝也。博奕好飲酒，不顧父母之養，二不孝也。好貨財，私妻子，不顧父母之養，三不孝也。從耳目之欲，以為父母戮，四不孝也。好勇很鬪，以危父母，五不孝也。（孟子　離婁下）

中庸稱讚舜王爲大孝，武王周公爲達孝，因爲自己爵位高使父母受光榮。

「子曰：舜見大孝也與！德為聖人，尊為天子，富有四海之內，宗廟饗子，子孫保之。」（中庸 第十七章）

「子曰：武王周公，其達孝矣乎！夫孝者，善繼人之志，善述人之事者也。……踐其位，行其禮，奏其樂，敬其所尊，愛其所親，事死如事生，事亡如事存，孝之至也。」（中庸 第十九章）

孝經在開宗明義章，說明孝的目標，在求以名以位，顯揚父母。

「立身行道，揚名於後世。」

歷代都有這句成語：「揚名顯親」。學子趕考，爭取功名，莫不認爲是「揚名顯親」。儒家的這種孝道，根本的理由，乃是兒女的生命來自父母，應「返本報始。」

乙、一體之仁

儒家的形上學，研究的對象爲動的存有。每一個物體都常在變易，變易由陰陽相結合，陰陽按理而結成一物的性和形，在結合成物後，在物內仍繼續變易，變易卽是生命。宇宙爲一變易的綜合，形成一道生命的洪流。

方東美先生曾說：「因此，我將向諸位闡述一種極不同的哲學風格——那就是典型的中國哲學，數千年以來我國中國人對生命問題，一直是以廣大和諧之道來旁通統貫，它彷彿是一種充實和諧的交響樂，在天空中，在地面上，在空氣間，在水流裏，到處洋溢着歡愉豐滿的生命樂章，上蒙玄天，下包靈地，無所不在，眞是酣暢飽滿，猗歟盛哉！」❶

儒家的哲學就在發展成全的生命，而成一個成全的人。成全的生命爲最高的精神生命。這種生命不僅是有倫理的意義和價值，而是具有形上的意義和價值，因爲最高的精神生命，乃是生命本體的完成，生命由最低的礦物變易，升高到自養的植物生命，再升到感覺的動物生命，最後升到人的心思生命，心思生命的完成，便是最高的精神生命。有最高精神生命的人，不僅在倫理上是完全的人，並且在人的本性上正是完全的人。

A 生命相連

人的生命在本體上，和宇宙萬物的生命相連。生命是陽陰的變易，陽陰的變易是整個宇宙的變易。人的生命，不能單獨存在，必要和宇宙萬物的存在互相聯繫，王陽明在「大學問」裏主張「一體之仁」，「仁」即是生命，生命聯繫成一體。人爲維持自己的生命，要吃肉，吃蔬菜，吃水菓，人的生命便是和動物植物的生命相連貫，要靠動植物的生命來協助。人爲生存要喝水，生病時要吃藥；這就是表現礦物的生存和人的生存，也互有關係。生命既是互相聯繫，人的生存而且依賴動物植物和礦物的生存，人便要愛一切物的生物。王陽明的

「一體之仁」，也表示愛。人心的愛應涵蓋宇宙的萬物。孟子曾經說過：「仁民而愛物」。（盡心上）張載的「西銘」，倡言「民吾同胞，物吾與也」。儒家的大同思想，就政治的理想說，有禮記的禮運篇所講的「天下爲公，萬民同樂。」就倫理的愛心說，有孟子的「推己及人」，「老吾老，以及人之老，幼吾幼，以及人之幼。」（梁惠王上）就生命的互相聯繫說，有宋明理學家的「萬物一體」。在實際的生活上，儒家以「聖人」爲最高的目標，聖人的特點就在於法天地好生之德，以兼善天下爲自己的志向。聖人不是一位專圖自己修養德性的人，聖人乃是一位能使天下人都得他的恩澤的人。中國古代所尊稱的聖人：堯舜禹湯文武周公，都是在王位的人，周公也曾攝王政。他們都曾以仁政加惠天下人民。孔子是最後的一位聖人，孔子雖不曾在朝廷居王位或相位，但是他的教化，澤及萬代。因此也稱爲「素王」，這種聖人，稱爲大人，與天地合德，與大道同行，具有泛愛萬物的人格。

宇宙萬物都流行着生命，中國的繪畫就充滿這種生氣。一幅風景畫，一幅花卉畫，一幅歐美人所稱爲「呆板自然」的水菓畫，中國畫家都要求畫內要隱藏一股活動的生命。中國畫的最高境地，爲神韻；神韻不能言說，然究其實卽是畫內的圓融生活的氣象。

方東美先生曾論中國藝術的特點說：「由此可見，中國的藝術精神貴在勾深致遠，氣韻生動，尤貴透過神奇創意，而表現出一個光輝燦爛的雄偉新世界。這個世界絕不是一個乾枯的世界，而是一切萬物含生，浩蕩不竭，全體神光煥發，耀露不已，形成交光相網，流衍互

潤的一個『大生機』世界。」❷

B　生命的調協

宇宙萬物在生命上互相聯繫，而且互相調協，互有次序，構成一曲天然的樂章。中國古人常說自然界含有「天籟」，聲調非常美妙。又以自然爲一幅高雅的圖畫，顏色調和恰當。一年四季的春夏秋冬，寒暖溫冷互相節制，各有時節，五穀百菓乃能生長。而且還要風調雨順，稻麥纔可以豐收。人心也可以和天地的自然調協相通，在幽靜的山間，聽着清風和鳥語，看着古木和明月，人心似乎和周圍的萬物共鳴，脈絡跳動成了音樂，忘記了自己身體的界限，自己和天地同化。詩人和騷客發爲詩歌，作爲文章，引動世世代代的讀者的同感。

這種自然的調協，在人的生命中，表現爲中庸。中者，得其中，庸者，得其時。孔子提倡中庸之道，教導弟子們不要走偏差，「過與不及」都不合於道德。中，雖爲中道。然不是呆板的規律，隨時隨地應做得恰當，卽是「各得其宜」。易經最講究中正，陽和陰各在自己的位置；易經又最着重「時」，屢次說「時之義，大矣哉。」孔子主張「正名」，名和事相合，有事便有名，有名便有事。各人在自己的名位上監名位的責任，不超越自己的名位。

中庸教訓人在情感動作時，應守中和，合符節奏。「致中和，天地位焉，萬物育焉。」(中庸　第一章)人的中庸，跟天地的自然規律相合，萬物也因着而得發育。

人生活的調協規律，稱爲禮樂。禮爲人動作的規律，使人和人之間，事和事之間，都有次序，互相調協。樂則為人情感的規律，使喜怒愛惡合符節度，互相融合。禮記書上說：「樂者，天地之合也；禮者，天地之序也。和，故百物皆化；序，故羣物皆別。……天高地下，萬物散殊，而禮制行矣；流而不息，合同而化，而樂興焉。春作夏長，仁也，秋斂冬藏，義也；仁近於樂，義近於禮。」（禮記　樂記）在自然界有高下的次序，有繼續流行的生命，萬物互相調協。自然界生命的調協，發為人事的中庸。儒家中庸之道，養成了中華民族重人情，貴名份，愛和平，不走偏激的邪路。中國的繪畫不用過於強烈的顏色，中國的音樂不慣於高吭的呼聲，中國的人情不喜歡挺而走險和標新立異的偏激人。孔子的人格，「溫而厲，威而不猛，恭而安。」（論語　述而）乃是中國人的標準人格。

然而調協不是懦弱，不是委屈求全。自然界生命的調協是萬物恰得其當，各有節制。所以俗語說「暴風不終朝」。儒家為求中庸，強調守禮，禮是義的表現。孔孟都主張「殺身成仁，捨生取義」。每個人抱着守義而節制自己，不妨害他人，他人妨害正義時，則據死力爭。這種精神是剛毅的精神，然也是中庸的精神。沒有剛毅，就不能有中庸的調協。應當柔弱的時候，就柔弱，應當剛強的時候，就剛強。中庸說：「仲尼曰：君子之中庸也，君子而時中。」（中庸　第二章）孟子曰：「孔子，聖之時者也。孔子之謂集大成。」（萬章下）

C　生命的互助

一體的生命，不僅是互相調協，而且互相協助。宇宙萬物不能孤立，「孤立無援」則必不免滅亡。陽光雨露，當然是萬物所需要；小草小花，在萬物中也是有貢獻，造物主沒有造一種無用的東西。生在一座山上的草木，從土壤、砂石、水質、蘚苔、樹根、枝葉、空氣、都互有協助，以維持各自的存在；在各有的存在中，又有協助的次序。整個宇宙的萬物依着生命表現的程度，列成上下的次序。在生命的需要上，上列生命需要下列生命的供養，下列生命因而有被犧牲者。人的生命最高最貴，因而一切的萬物都供人的使用。然而同時人便要愛惜萬物的生存而予以照顧。儒家稱讚「天地有好生之德」，倡言「天地以生物爲心」，「人得天地之心而爲心，人心故仁。」

達爾文發明進化論，主張「弱肉強食」，「物競天擇」，造成了以鬪爭而生存的原則，共產黨遂演化爲階級鬪爭。中山先生根據中國儒家思想，駁斥達爾文的學說，以合作爲人類生活的規律。

易經的乾卦象曰：「雲行雨施，品物流行。……首出庶物，萬國咸寧。」雲雨使萬物繼續生長，聖人施恩使萬國得福，孔子說：「夫仁者，己欲立而立人，己欲達而達人。」（論語雍也）人不是以自私而能發揚自己的人格，而是在協助他人纔能發揚自己。

儒家的發展哲學，以這個「協助」爲基礎，人能發揚自己的本性，必能協助別人也發揚本性；協助了別人發揚本性，便能協助萬物發揚本性；協助了萬物發揚本性，乃能贊襄天地化育萬物。中庸說明這端大道，「唯天下至誠，爲能盡其性。能盡其性，則能盡人之性；能

盡人之性，則能盡物之性；能盡物之性，則可以贊天地之化育；可以贊天地之化育，則可以與天地參矣。」（中庸第二十二章）

儒家的理想人格，爲仁人和聖人，聖人的人格在中庸上說：「大哉聖人之道，洋洋乎發育萬物，峻極于天。」（中庸第二十七章）易經乾卦文言說：「夫大人者，與天地合其明，與四時合其序。」

張載說：「大其心，則能體天下之物。物有未體，則心爲有外。世人之心，止於見聞之狹。聖人盡性，不以見聞梏其心。其視天下，無一物非我。孟子謂盡心則知性知天以此。」（正蒙大心篇）

聖人的心與天地之心相合，達到儒家精神生命的最高峯，而能天人合一。這種合一不僅在倫理道德上，人心能愛萬物；不僅在心理上，人心涵蓋宇宙；而也是在形上的本體，生生的理表現到最完全點。

註

❶ 方東美 中國哲學智慧，見中國文化月刊，民國六十八年十一月，頁七十四。

❷ 方東美 中國藝術的理想，見中國文化月刊，民國六十九年一月，頁四十一。

五、五　常

1. 道　德

甲、道的意義

在談儒家宇宙一元和二元論的一篇文章裏，我已經說過「道」字在儒家思想裏的意義，以「道」爲物體行動的原則❶。可是在儒家的思想裏，物體行動之原則和物性之理相同了，因此道和理，常互相借用，意義幾乎完全沒有分別了。

易經更說：「形而上者謂之道，形而下者謂之器。」(繫辭上　第十二) 朱子以這個道字相當於理字，器字相當於形字。「形而上者，指理而言；形而下者，指事物而言。」(朱熹　太極圖說解)

道，既是行動的原則；人之道，以天地之道爲根基。研究易經的人，覺得易經一書裏，篇篇盡是這種論調。

「觀天之神道而四時不忒，聖人以神道敎而天下服矣。」(觀卦象)

「天地之道，貞觀者也。日月之道，貞明者也。天下之動，貞夫一者也。夫乾，確然示人易矣。夫坤隤然示人簡矣。」(繫辭下　第一)

周濂溪接受易經的思想，而且重複易經的話：「立天之道，曰陰與陽；立地之道，曰柔與剛；立人之道，曰仁與義。」（太極圖說）

三才之道雖分爲天道地道人道，實則同爲一道。朱子說：「道一而已，隨事著見；故有三才之別，而於其中，又有體用之分焉。其實則一太極也。」（太極圖說解）

三才之道，爲同一太極，而萬物又各有一太極，三才便各有其理。萬物之太極，爲萬物之性理；人之道，便是人之性。程子說：

「心通乎道，然後能辨是非。如持權衡已較輕重，孟子所謂知言是也。心不通乎道。而較古人之是非，猶不持權衡而酌輕重，竭其目力，勞其心必，雖使時中，亦古人所謂億則屢中，君子不貴也。」（濂洛關閩書　卷七　行事第九）

人心應該通達自心之道理，然後才可以辨別事非。人心之道理，爲本人之性理。中庸說：

「天命之謂性，率性之謂道，修道之謂教。」（第一章）

朱子註釋說：「率，循也。道，猶路也。人則各循其性之自然，則其日用事物之間，莫不各有其當行之路，是則所謂道也。」總之，人生一切行動的道德律，就是在於「率性」。

率性而行，不單是知道當行之路，而是發揮自己的本性，必能有所得於心。所得於心者，稱爲德。

乙、德的意義

「德是什麼呢？中國古書訓詁都說：德，得也，得之謂德。但得作什麼呢？後漢朱穆說：得其天性之謂德。郭象也說（論語皇侃義疏引）：德者，得其性也。所以中國人常說德性，因爲德，正是指得其性。唐韓愈原道篇裏說：足乎己，無待於外之謂德。只有人的天性，自己具足，不得再求之於外，而且也無可求之於外的。」❷

理學家對於德的觀念，和韓愈的意見相同。周子說：「用而和曰德。」（通書　愼動）

朱子註說：「用之所以和，以其得道於身，而無所待於外也。」

張子說：「至當之謂德，百順之謂福。德者福之基，福者德之至。……循天下之理之謂道，得天下之理之謂德。」（正蒙　至當）

論語述而章有云：「志於道，據於德。」朱子註說：「據者，執守之意。德者，得也。得其道於心而不失之謂也。」

「得道於心」，難道是道在於心外求而得之嗎？理學家一定不是這種主張！道爲天理，在人心之內。所謂得道於心，乃是發揚自心之天理。

「孟子曰：君子所以異於人者，以其存心也。君子以仁存心，以禮存心。」（孟子 離婁下）

「存心」，存字有保養的意思。心中有人性之善端，人應該保養。怎麼樣保養呢？用德。人若不存自心的善端，孟子以爲像是牛山之木，旦旦而伐之，牛山於是濯濯了。因此孟子結論說：「故苟得其養，無物不長；苟失其養，無物不消。」（告子上）朱子加註說：「山木人心，其理一也。」

人性之善端，若得有存養，不但不消失成爲惡人，而且能夠發長成爲聖賢。

錢穆講得其天性，說是孟子所謂的充實飲食男女之欲；因爲他相信食色亦屬於德性③這種主張只可說是錢先生自己的主張；不但孟子沒有這樣講過，就連歷代的儒家也沒有這樣講過。

理學家講存養人性，乃是存養人心之天理。錢先生取儒家的人心而捨儒家的天理，則人心失其爲人心了。朱子說：

「定性者，存養之功，至而得性之本然也。……然常人之所以不定者，非其性之本然也。自私以賊夫仁，用知以害夫義。」（定性說　朱子大全　卷六十七）

性之本然，乃人心之理。朱子解釋程頤的話說：

「此理，天命也，該始終本末而言也。修道雖以人事而言，然其所以修者，莫非天命之本，然非人之私智所能為也。」（明道論性說　朱子大全　卷六十七）

德爲存養人心，而得人性之本然，理學家以人性之本然爲靜爲和，周子乃說：

「用而和曰德。」（通書　愼動）

道爲體，德爲用。體者，人心之體，德者，人心之用。人心之體爲理，道便是理。人心之用爲情，德是主制情的。怎麼主制情纔稱爲德？使情得於「和」，乃稱爲德。

張子說：「至當之謂德。」也是主張情的發動，最得其當時，便稱爲德。那麼理學家的德字，或是說發揚人心之天理而有得於心；或是說主制情欲，使常合於天理。這兩種說法，實際的意義則同是一個，因爲人心天理的發揚，即是在於情欲常合於天理。普通用語，在社會上常是道德連用。道德連成一個名詞，則等於德字。

2. 五 常

儒家對於道德的分類，各書稍有異同。書經洪範講三德，臯陶謨篇又講九德。論語重智仁勇，中庸也以智仁勇爲三達德，孟子則講仁義禮智四德。班固白虎通再加上信，稱仁義禮智信五性。（性情篇）

理學家們繼承班固的主張。班固解釋五德的理由說：

「人生而應八卦之體，得五氣以為常，仁義禮智信是也。」（白虎通 性情）

在班固的話裏，我們可以分析三點：第一，五德是以人的本體爲根基；即是說五德根之於人性。第二，五德之成，成自五行之氣，第三，五德的來源，出自易經。理學家對於德的分類，都根據這三點去講。

朱子解釋五德說：

「或問仁義禮智，性之四德，又添信字，謂之五性，如何？曰：信是誠實此四者，實有是仁，實有是義，禮智皆然。如五行之有土，非土不足以載四者。」

（朱子語錄　卷六）

朱子雖然接受孟子的主張，但也接受班固的主張。他用五行歸土的思想，來把四德和五德的學說相妥協。但是骨子裏，他是以四德爲主，爲什麼緣故呢？那是因爲理學家都注意易經的元亨利貞。

「乾，元亨利貞。……文言曰：元者，善之長也。亨者，嘉之會也。利者，義之和也。貞者，事之幹也。君子體仁，足以長人，嘉會足以合禮，利物足以和義，貞固足以幹事。君子行此四德者，故曰：乾，元亨利貞。」（乾卦）

朱子解釋說：

「元者，生物之始，天地之德，莫先於此，故於時為春，於人則為仁。而衆善之長也。亨者，生物之通，物至於此，莫不嘉美，故於時為夏，於人則為禮，而衆美之會也。利者，生物之遂，物各得宜，不相防害，故於時為秋，於人則為義，而得其分之和，貞者，生物之成，實理具備，隨在各足，故於時為冬，於人則為智，而為衆事之幹。幹，木之身，而枝葉所依以立者也。」

朱子解釋元亨利貞，以元配春配仁，以亨配夏配禮，以利配秋配義，以貞配冬配智。在五行中，春夏秋冬四時，都配有一行，春爲木，夏爲火，秋爲金，冬爲水，土居中央。那麼四德的配合，例如下表：

元	仁	春	木
亨	義	夏	火
利	禮	秋	金
貞	智	冬	水
	土	信	中央

周子太極圖說謂：「陽變陰合，而生水火木金土。……五行之生也，各一其性。」朱子圖解說：「五性，水火木金土之德也。」周子通書說：「誠，五常之本，百行之源也。」(誠下) 朱子註說：「五常，仁義禮智信，五行之性也。」因此，我們可以總結說：理學家以五行之性，而成五常之德：仁義禮智信。

五常的意義，周子說：

「德：愛曰仁，宜曰義，理曰禮，通曰智，守曰信。」(通書 誠幾德)

拿元亨利貞和春夏秋冬去解釋五常，馬上可以明瞭五常的意義。元爲春，爲生，好生便是仁的意義，助生物的發育卽是愛。亨爲夏，爲通，通達合理便是禮的意義。合理卽是理。利爲秋，爲宜，各得其宜便是義的意義。貞爲冬，爲幹，主幹各種事體，使天理通行無蔽，便是智的意義。至於信中央，如土，以守四德。

朱子並且根據元亨利貞，去解釋五常爲什麼稱爲五理。他說：「元亨利貞，性也。生長收藏，情也。以元生以亨長以利收以貞藏者，心也。仁義禮智，性也。惻隱羞惡辭讓是非，情也。以仁愛以義惡以禮讓以智知者，心也。性者心之理也，情者心之用也。心者，性情之主也。」（朱子 元亨利貞說 朱子大全 卷六十七）

理學家因着易經的元亨利貞而重仁義禮智；又因着易經而重仁義。易經八卦來自四象，四象來自陰陽兩儀，陰陽爲乾坤，乾坤爲仁義。

「昔者聖人之作易也，將以順性命之理。是以立天之道，曰陰與陽。立地之道，曰柔與剛。立人之道，曰仁與義。」（易經 說卦二）

周濂溪的太極圖說，所說的話，和易經的話相同，也是以人之道在乎仁義。朱子註解太極圖說云：

「仁義者，陰陽合氣，剛柔成質而是理始為人道之極也。然仁為陽剛，義為陰柔。仁主發生，義主收斂，故其分屬如此。……仁陽剛是一樣意思，義柔陰是一樣意思。蓋仁本柔底物事，發出却剛，但看萬物發生時，便恁地奮迅出來，有剛底意思。義本是剛的事發出來却柔，但看萬物肅殺時，便恁地收斂憔悴，有柔底意思。……仁義禮智，四者之中，仁義是箇對立關鍵。蓋仁，仁也，而禮則仁之著。義，義也，而智則義之藏。猶春夏秋冬雖為四時，然春夏皆陽之屬也秋冬皆陰之屬也。天地之道，不兩則不能以立。故端雖有四，而立之者則兩耳。」（朱子 太極圖說解）

理學家注重形而上學，從這一點也就可以看得出來。他們爲講道德，處處都要拿形而上的理論作根據。天地之道，要有陰陽的對立纔起變化；因此人道也要有仁義。再從仁義本身去看，人之道，也應該是仁與義；因爲仁爲人性之體，義爲人性之用。朱子說：

「仁存諸心，性之所以為體也。義制乎事，性之所以為用也。然又有說焉：以其性而言之，則該體也，以其情而言之，則皆用也。」（朱子 太極圖說解）

理學家的思想，亦卽孟子的思想，孟子說：「仁，人心也。義，人路也。」（告子上）從形上理論方面去講，以仁義配陰陽，以五常配五行，都是因人由氣而成，氣的結合有二有五，結合的特質成爲仁義，和仁義理智信。

註

❶ 見本書第二章第二節。

❷ 錢穆，德行，民主評論，第六卷第四期，第八十六頁，一九五五年。

❸ 同上，第八十七頁。

第五章 名學

讀過西洋哲學的人都知道，哲學開端的一門課程該是論理學（Logica），或稱理則學或邏輯學。本來論理學不算正式的哲學，只是研究哲學的方法。這種方法，也不僅用之於哲學，在其他學術上也同樣適用。但因此法是人的思維法；既然是講人的思維法，便涉及人的思維。涉及了人的思維，便要談思維的本質；因此，便由論理學進而到認識論（Epistemologia）。認識論便是正式的哲學了；而且還是西洋哲學的中心課題。

中國古代的思想家，不專重講述思想，而注重思想的實踐。孔子告誡弟子們要言必有行：「君子恥其言而過其行」（論語 憲問）。中國古代沒有系統化的哲學書，更遑論談思維方法了。雖說中國有過名家，在墨經中也有講論知識來源，「知：聞、說、親」（墨子 經上），名的分類，「名：達、類、私」（同上）。荀子更有正名篇，講論有關名的問題。但是這些文字也都只是談談思維方法的幾點，並不是系統化的論理學。

儒家最看不起詭辯的人，當有人批評孟子好辯，他還要自己解釋說：「吾豈好辯哉，予不得已也。」(孟子 滕文公下)既是不得已,孟子常說長篇大道理;既說了長篇大論,自然該有思維的方法。好比中文,素來沒有講解文法規則的書,但誰也不能因此便說中文沒有文法,中國話沒有規則。中國古代思想家發表思想,假使他們不是瘋話,眞是「持之有故,言之成理」,中國古代思想家是有他們的論理法則。儒家的荀子(310-230 B.C),較爲晚出,而且有些法家的氣概。他治學較之孔、孟更爲嚴謹。荀子中有正名和解蔽兩篇,很多有些關於論理方法的議論。

孔子(551-479 B.C)對於「名」的態度十分愼重,他主張正名,因爲:「名不正則言不順,言不順則事不成……。」(論語 子路)但是孔子的正名,注重在倫理方面。儒家的名學以荀子的思想爲主,名學的意義較論理學爲狹;以名學由講「名」而論到「名」和「實」的關係,則名學就比論理學的意義要廣,名學就包括論理學和認識論了。我們講儒家的名學,是就名學的廣義上去研究。

一、名

1. 名的意義

甲、名

說文訓名爲命,「名,自命也,從口從夕,夕者冥也。冥不可見,故以口自名。」

夜間走路，遇到人時，爲預防暗中彼此相撞，口中故意作點聲音。若是在夜晚回家，走到門口，自己呼出自己的名字，好叫家中人認識，這種夜間自呼名字的事實，作爲名的意義，名便是一個人的代表，旁人聽到這個名字，就知道指的是某人。

劉熙釋名云：「名者，明也，名實使分明。」名既是一種代表，便有所代表的實體。劉熙說「名實使分明」即是說，名是用來說明實體的。

荀子說：「名也者，所以期累實也。」（正名）楊倞註曰：「或言累實，當爲異實。言名者，所以期於使實名異也。」「累」字當爲「異」字的誤寫。這是可能的，因爲，名的意義，是在於分別各個不同的實體。每個實體各有自己的名字，因此而不會互相混淆。我家最近買了幾條金魚，第一件事就是給每條魚起個名字，叫起來馬上就知道指的是那條魚，要是只用，大的小的，長的短的，紅的黃的來叫，說了半天，家僕也不會明白究竟指的是那尾魚。荀子也說過：「名聞而實喻，名之用也。」（正名）

假如說：「累實」的「累」字無誤，也是說得通的。累字有堆積的意思。堆是一物加在另一物上。名以累實，便是說：名在於能夠堆加在一實體上，使名實相符，名因之能「名聞而實喻」。

名是一實體的代表，名用以喻實；這是名的普通意義。在西洋哲學中，名雖然也是代表一件實體，然而名所直接代表的，是人的觀念，觀念則直接代表實體。

名代表觀念，中國古人未嘗不知道。左傳云：「名以制義」義者義理，人倫之所宜，故曰名義。名義不是一件具體的實物，乃是一抽象觀念。如：父慈，子孝，慈與孝是父和子兩個名字所制定的義，名爲「父」者，義在於慈，名爲「子」的人，必須守孝道。儒家重名，主張正名，就在於「名以制義」。這種「名」不是論理上的名而是倫理上的名了。在倫理上，每一個「名」，有這個名的「義」，名義意謂相宜於這個名字的權利義務。禮記上說：「何謂人義？父慈，子孝，兄良，弟悌，夫義，婦聽，長惠，幼順，君仁，臣忠，十者，謂之人義」（禮運）十義即十個名字所制定的義理。每提出一個名字，馬上就可以知道它在倫理上的意義。

乙、象、辭、數

上面我們說過「名」直接代表人的觀念觀。觀念可以是具體的或是抽象的。觀念通常是經由語言或文字而成爲名。然而也可以用其他方法來代表。例如啞子不會說話，會用「手語」，手語卽是啞子用以表示觀念。若一個人不打手勢，不說話，而用圖形來表示自己的觀念，圖形便成爲他的觀念的代表。中國易經的卦象，卽是代表觀念的圖形，也是一種變相的名。

易經上說：「易也者，象也。象也者像也。」（繫辭下 第三）又說：「八卦以象告，爻象以情言。」（繫辭下 第十二）易經以卦爲主，卦是什麼呢？卦是象。爲什麼是象呢？因爲卦是一種圖形，圖形稱爲像。易經的像，不是一個人的像，不是一件東西的像，乃是一種變易的觀念的像。

胡適說：「易也者，象也。象也者，像也。正是說易的道理，只是一種象效的作用。先有一種法象，然後有倣效這法象而成的物類……。這些法象，大約可分兩種，一種是天然界的種種現象，一種是物象所引起的意象，又名觀念。」❶胡先生把易經的象，着重在象效，作爲動詞講。實際上，「象也者，像也」的像字是個名詞，即是圖像的意思。易經的卦，都是圖像，圖像當然有所本，於是便有圖像的法象，圖像自身也可成爲他種物件之所本，圖像自身又成爲法象。

但是在論理學上，我們以象爲代表觀念的圖形。儒家的「名」，實用處在於倫理，所以有名則有義。易經的象，旣是一種變相的名，便也該是用於倫理上，因此，易者象也，象乃有辭，名以制義。象以制辭。

「易有四象，所以示也。繫辭焉，所以告也。」(繫辭下　第十一)「辭也者，各指其所之。」(繫辭上　第三)「繫辭焉，以斷其吉凶。」(繫辭上　第十二)易經在開始時爲一種卜，其卦象所制定的，便是人事的吉凶，因此「辭」便是說明(判斷)吉凶的文字。

後來，易經又加上了一些說明，說明吉凶的因由。這些原由，無非是行善得福，行惡得殃，都是倫理方面的。那麼，易經的辭就不單是斷定吉凶了，還說明許多倫常大道，「繫辭

焉，以盡其言。」（繫辭上　第十二）

易經除了象和辭以外，還有數，因此後世有所謂象數之學。左傳韓簡云：「龜，象也。筮，數也。物生而後有象，象而後滋，滋而後數。」（左傳　卷五）象先於數的主張，宋儒多不贊成。關於這一點，在此我們不贅言，我們要研究，數和象在名學上的關係。

象是代表觀念的圖形，數也是觀念的一種表示法。易經說：「昔者聖人之作易也，幽贊於神明而生蓍，參天兩地而倚數。」（說卦　第一）朱熹註：「天圓地方，圓者一而圍三，三各一奇，故參天而為三。方者一而圍四，四合二耦，故兩地而為二。數皆倚此而起。」（朱熹　周易本義）易經的數以奇偶為基本，奇偶代表乾坤，天地。易卦的陽爻，陰爻各有自己的數字，卦位圖、河圖、洛書，都可以用數字代表。易經的數亦是用以代替卦象的。

丙、字

西洋的論理學是不講字的，而且西洋只有字母，也無所謂字。中國的字，不僅可為藝術的對象，也可成為名學的象對。西洋的文字，重在聲，有了字母，按照語言的聲音組合而成。中國的文字則重在形。西洋文字與所代表的觀念完全沒有關係，也就是說，除非你已經知道某個字代表某種義意，不然你看到一個字絕不會懂得它代表什麼，但是中國字卻可藉着字形，直接代表觀念，字聲則要依附着字形。

中國文字的構造法，上古有所謂「六書」。說文云：

「周禮，八歲入小學，保氏敎國子，先以六書。一曰指事，指事者，視而可識，察而見意，上下是也。二曰象形，象形者，畫成其物，隨體詰詘，日月是也。三曰形聲，形聲者，以事為名，取譬相成，江河是也。四曰會意，會意者，比類合宜，以見指撝，武信是也。五曰轉注，轉注者，建類一首，同意相受，考老是也。六曰假借，假借者，本無其字，依聲託事，令長是也。」

中國的文字，在當初都是按照這六種方法造成的。知道一個字的構造法，便可以明瞭這個字的原意。中國字在論理學的價值，卽是因爲每個字代表一個概念。字就有似於八卦的卦形，古代常說八卦爲中國文字的先祖❷這種主張雖未必可信，但在理論方面說，八卦和中國文字有密切的關係。

2. 名的種類

名的作用可分爲，在名學上及社會生活上兩種。在名學上，名是喩實的；在社會生活上，名是用來指定名份的。我們討論名的種類，該也從這兩方面去看。

甲、在社會生活上，名的種類

莊子曾說「名，公器也」(天運) 郭象註云：「夫名者，天下之所共用」。陸德明釋文曰：「名，鳴也。公，平也。器，用也。尹文子云：『名有三科，一曰命物之名，方圓是也。二曰毀譽之名，善惡是也。三曰況謂之名，愛憎是也』。今此是毀譽之名也」。

莊子以「名」爲社會上公用以平人物的。尹文子分名爲三種，命物之名，毀譽之名，況謂之名。命物之名，爲名學上的名。毀譽之名，卽春秋上的褒貶，和社會上的批評。況謂之名，是憑着愛惡加給人的名號，多由譬比而來。

荀子在「正名篇」舉出四種社會生活中的「名」，「後王之成名，刑名從商，爵名從周，文名從禮，散名之加於萬物者，則從諸夏之成俗曲期」

「刑名」是刑法之名，法字在古代和刑字同義。刑古字爲型，有模形之意。因此刑和形也能通用。戰國策有刑名卽形名之說③。漢朝人所稱的名家，是指戰國時期的刑名之家④，莊子中以刑名作形名：「道德已明，而仁義次之。仁義已明，而分守次之。分守已明，而形名次之。形名已明而因任之。……故書曰：『有形有名』」（天道）荀子所說的刑名，是指刑法之名。後代王公所制的刑名則多沿用商朝所定的。

「爵名」是官職稱謂，後代多沿用周朝所定。「文名」是禮儀上的名字，後王遵守古禮，多從禮書所定。「散名」是一般事物的名字，這些名字，由習俗的語言而定。

乙、在名學上，名的種類

荀子在「正名篇」中提出數種在名學上的名，有單名、兼名、同名、異名、有共名、別名、大共名。大別名。

A 單名、兼名：荀子說：「單足以喻則單，單不足以喻則兼。」單名是單純的名詞，兼名是兼帶形容詞的名詞，也稱爲複名。例如，「馬」是單名，若用「馬」可以指明一個實體，便用「馬」來指稱就可以了。假使單用「馬」不能指明一個實體，於是附加，白的、黑的、大的、小的、你的、我的等形容詞來指稱，例如，「白馬」，「我的馬」便是兼名了。

B 同名、異名：「同則同之，異則異之」實體相同的，卽用同名；實體相異的，卽用異名。同異的標準，由類而名，楊倞註荀子云：「同類則同名，異類則異名。」荀子自己也說：「凡同類同情者，其天官之意物也同。故比方之，疑似而通，是所以共其約名相期也。」(正名)同類同情者，卽指同類同特性的實體。這種實體在人的天官和理智上，所留下的概念相同，故能用同一的名去指喻它們。類不同，情相異的實體，則不能用同名，卻該用異名了。荀子云：「知異實者之異名也，故實異者，莫不異名也，不可亂也。」(正名)

C 共名、別名、大共名、大別名：荀子說：「故萬物雖衆，有時而欲徧舉之，故謂之物。物也者，大共名也，推而共之，共則有共，至於無共然後止。有時而欲偏舉之，故謂之鳥獸。鳥獸也者，大別名也，推而別之，別則有別，至於無別然後止」。(正名)

共名卽是共通名。是一些實體共同所用的「名」。例如動物，植物。大共名，則是把物的共同點，推到最後一步，例如：物。

別名，卽是類別名，類別最大者，則爲大別名。

- 物
  - 有生物
    - 動物
      - 有靈性動物
      - 無靈性動物
    - 植物
  - 無生物

物爲一大共名，有生物和無生物便爲兩個大別名。若以有生物爲一大共名，則動物和植物爲兩個大別名，若以動物爲共名，有靈性動物和無靈性動物，便是兩個別名。

3. 制名

甲、名的起源

「名」是人類語言的基本。沒有名卽沒有語言。沒有語言，社會生活便無法進行，文化也無從發展。

語言的起源，在於文字以前。中國文字的起源，有人說出自八卦。不論中國文字是否眞的出自八卦，中國的「六書」可以算爲文字起源的途徑。中國語言的起源，則不容易考究了。近代章太炎論語言的起源，談到名的起源說：「物之得名，大都由於觸受。觸受之區異者，動蕩視聽，眩惑，熒魄，則必與之特異之名。其無所區異者，不與特名，以發生之語命之。夫牛馬犬羊，指與人異，故其命名也，亦名有所取義。及至寓屬形體，知識多與人同，是故以侯稱猴。侯者，發聲詞也。以爰稱蝯，爰者，發聲詞也……蓋形體相似，耦俱無猜，同無異視，音無異聽，心無異感，則不能與之特異之名，故以發聲命之則止……蓋明言語之分，由觸受順違而起。」❺

章太炎的原則太廣，實例並不足以證明「其無匭異者，不與特名，以『發聲』之語命之」。況且，這是解釋字的起源，並非語言的起源。於今我們實在很難考證，牛馬甚麼叫牛，羊爲何要叫羊了。

在哲學方面，名的起源，章太炎說：「名之成，始於受，中於想，終於思。領納之謂受，受非愛不著，取像之謂想，想非呼召不徵。造作謂之思，思非變體不形。名言者，自取像生。故孫卿曰：『緣夫天官』」❻。

人先由感觸而受印象，由印象而成觀念，由觀念而後發表爲一「名」，荀子稱人的認識官能爲天官。

乙、制　名

荀子說：「名無固宜，約之以命。約定俗成謂之宜，異於約則謂之不宜。名無固實，約之以命實，約定俗成，謂之實名。」（正名）

命名卽是制名，怎樣給一件實體起名呢？荀子認爲，名和實並不是本性上有相連的關係，名和實相宜，完全在於人爲。有了一件實體，人們相約給牠起個名字。若是大家都採用這個名字，這個名字便成爲所代表的實體的名字。

因此在制名時，最重要的是「約」，約並不是要全部的人聚會在一起，約定給某種實體一個名字。「約」可以是多數人的約定，可以是少數人的約定，可以是少數人的同意，也可以是一個人的決定。只要社會上其餘的人都採用，名字才能夠成立。這種採用，就等於「約名」。

名實的相宜，要看「約定俗成」。若是大家已經採用了一個名字，久而久之成爲習俗，這個名字和所代表的實體便相宜了，就不能任意的更換。兩個對孩，這個叫若望，那個叫方濟各。在未起名字時，若望不一定務必要用諸這個孩子上，也可以用之於那個小孩，這是「名無固實」。同時，若望在當初也可以不叫若望，而叫伯鐸錄，這是「名無固實」。但是如今這個小孩當叫若望，若叫方濟各，就叫錯了。那個小孩叫方濟各，若叫葆樂，就錯了。這是因爲已經是「約定俗成」，名實得其宜了。

在制名時，第二點要注意的是「辨同異」。荀子語爲，同類同情的實體則同名，異顧異情者則異名，關於同異的辨別，荀子說：「物有同狀而異所者，有異狀而同所者，可別也。狀同而爲異所者，雖可合，謂之二實。狀變而實無別而爲異者，謂之化。有化而無別，謂之一實。」（正名）對於實體，先要辨別是相同的實體呢？還是兩個不同的實體。因爲，同是一類的實體，若不在同一地方，則明明可以分爲兩個實體。同在一個地方內，若實體不相同，當然是兩個不同的實體，至於，相同的實體，在外表上發生變化，外形變了，實質沒變，則仍舊是相同的實體。

同類異類又如何分別呢？荀子說：「然則何緣而以同異？曰：『天官』」、(正名) 人當然是靠認識的官能，來辨別實體的同異。

在制名時，第三點要注意「循舊名，作新名」，荀子說：「今聖王沒，名守慢，奇辭起，名實亂，是非之形不明，則雖守法之吏，誦數之儒，亦皆亂也。若有王者起，必將有循於舊名，有作於新名。」(正名) 這一段話中，荀子說到儒家所謂的：「名以制義」這種名的制定，首先該保全古代的名字，若是古名實在不合用，然後纔創制新名，荀子因此說：「刑名從商，爵名從周，文名從禮。」(正名)

二、推　論

1. 推論的意義

有了名，在思想生活上，尚只走了第一步。我們的思想生活，要集名成句，結句去推理，如此纔能發展我們的思想。

荀子論我們的思想生活說：「實不喻然後命，命不喻然後期，期不喻然後說，說不喻然

後辨，故期、命、辨、說也者，用之大文也，而王業之始也。」（正名）

命——在思想生活上，第一步是命名。實體沒有名，則無法稱呼，則不能言，如何能為人所知呢？所以實不喻、則命以名。

期——楊倞註云：「期，會也。言物之稍難名，命之不喻者，則以形狀大小會之，使人易曉也，謂若白馬，但言馬，則未喻，故更以白會之。」

「期」是會合各種副詞，有似兼名。在理論上，期字可以解為句，可解為辭。句是集名而成的，凡句都是一種判斷。譬如說白馬，這兩個「名」能成一個簡單的句，即是說，「這馬是白的」。因此，期可說是會合，可說是排列，會合排列各種名而成句。

「期」也可以再有另一意義——相比，即是比喻，一個實體，不能由「名」而喻時，可以另藉他種類似的實體以喻之，例如說「雪白的」，用雪的白來比喻別的實體的白，白色便更加明顯了。

說——說是說明，說明是以一種對象為根據把對象的各方面加以解釋。「說」是由多數「句」而成，「說」着重在描述對象，或長或短，看對象是複雜或單純。

辨——辨是辯論。說明是我自己解釋一件事物或事理，是片面的。辯論則是雙面或多面的，彼此爭辯一樁事理，在辯論時，不單是說明對象，還要答覆和駁難對方的理由。

荀子說：「名也者，所以期累實也。辭也者，兼異實之名，以論一意也。辨說也者，不異實名，以喻動靜之道也。」（正名）楊倞註云：「名者，期於累數其實，以成言語。或曰：『累實當爲異實，言名者，所以期於使實則異也』。辭者，說事之言。辭兼異實之名，謂兼數異實之名，以成言辭。動靜，是非也。言辨說者，不唯兼異常實之名，所以喻是非之理。辭者，論一意，說者明兩端也。」

楊倞有時把「辭」混於「名」，有時又把「辭」和「說」相混。荀子以爲名是辨實的，辭是集合幾個「名」以「論一意」，發出一種判斷；辨與說在形式方面雖可分，在論理學的推論上，沒有分別，荀子說：「不異實名，以喻動靜之道也。」胡適之解釋說：「不異實名，謂辨中所用名，須始終同義，不當前後涵義有廣狹之區別。」❼

異實，是實體不同。在辯論時，對象該當是一個，不能變換。

爲什麼要辯論呢？是因爲實體不明，因此有疑。辯論是爲了去疑的。周濂溪說：「明不至則疑生，明無疑也。謂能疑爲明，何啻千里。」（通書 公明）一個對象不明時，便產生疑問，用辯說把對象說明，疑便可消失了。

2. 推論的方法

研究學術時，人的推論方法，常分兩種——演繹或歸納。演繹是由原則以論事例；歸納則是由事例以得原則。

孔子曾講「忠恕」，心得其中爲忠，推己及人爲恕，忠爲成己，恕爲成人。章太炎卻把

「忠恕」解為演繹和歸納，「心能推度曰恕，周以察物為忠。故夫聞一以知十，舉一隅而以三隅反者，恕之事也。……周以察物，舉其徵符，而辨其骨理者，忠之事也。」❽胡適之在其中國哲學史大綱中贊成這種解釋。我們認為「忠恕」能有章太炎所說的意義，但是在孔門儒家的思想表，「忠恕」的意義是和此不同的。

理學家，朱熹和王陽明對大學中「格物」意義的不同解疏，似乎也是演繹和歸納之爭。朱熹解「格物」為，「今日格一事，明日格一事」為歸納法。王陽明的「格物」為「致良知」，以良知來判斷事物，這就是演繹法了。

「或謂孫卿之名學方法，全屬演繹法(適之語)，此雖可概括而論，要亦未必盡然。如孫卿所謂大別小別，立名以為標，固屬演繹範圍。然所謂大共小共，立名以為界，則有歸納之傾向。」❾

凡是研究學術的人，決不可僅用一種方法，有時雖偏用一種，也並不是不知使用另一種方法。歸納法多用於科學，演繹法多用於哲學，但並非研究科學只能用歸納法，研究哲學僅止於演繹法。孟子、荀子多用演繹，只是理所必然，其書中也不是全用演繹。至於大別小別為演繹，大共小共為歸納，則於理不通。

孟子、荀子在討論性善性惡的問題時，爲證明各自的主張，都是兼用演繹和歸納兩種方法。

孟子爲證明性善：「孩提之童，無不知愛其親也」，「今人乍見孺子將入於井，皆有怵惕惻隱之心。」（公孫丑上）這是從事實歸納而來的原則。「若夫爲不善，非才之罪也。惻隱之心，人皆有之……仁義禮智，非由外鑠我也，我固有之也，弗思其矣。」（告子上）這是歸納兼演繹了。

荀子爲證明性惡說云：「今人之性，生而有好利焉，順是則爭奪生而辭讓亡焉。」（性惡）這是演繹原則而得的結論。又云：「今之人，化師法，積文學，道禮義者爲君子；縱性情，安恣睢，而違禮義者爲小人。用此觀之，然則人之性惡明矣，其善者僞也」（性惡）這個「其善者僞也」是由事例歸納而得的二人須受教育纔知行善，所以善爲僞。

3. 推論的方式

西洋論理學，在推論上有三段推論式，三段推論式爲大前提，小前提，結論。

例如：

大前提　凡是人都會死。

小前提　某甲是人。

結　論　某甲所以會死。

佛教的因明學，在推論的形式上有五支式和三支式。

五支式：

宗　聲是無常

因　所作性故。

喻　凡是所作性皆是無常，譬如瓶等。

合　聲是所作性。

結　所以聲是無常。

三支式：

宗　聲是無常。

因　所作性故。

喻　凡是所作性皆是無常，譬如瓶等。

中國人的推論式，近於佛教的三支式，雖然沒有明白的說出一套推論原則，但在行文說理時，多追隨這種式例。在西洋論理推論式中有一種連環式，是用幾個三段式連串而得，中國古人也好用這種方式。

荀子四支式：（性惡）

宗　人之性惡，其善者僞也。

因　今人之性，生有好利焉。

喻　然則從人之性，必出於爭奪，故必將有師法之化，然後出於辭讓。

結　用此觀之，人之性惡，其善者僞也。

孟子四支式：（梁惠王上）

宗　王何必曰利，亦有仁義而已矣。

因　王曰何以利吾國，大夫曰何以利吾家，士庶人曰何以利吾身，上下交征利。

喻　上下交征利而國危矣。未有仁而遺其親者，未有義而後其君者也。

結　王亦曰仁義而已矣，何必曰利。

孔子的連環式：（論語　子路）

「名不正則言不順，言不順則事不成，事不成則禮樂不興，禮樂不興則刑罰不中，刑罰不中則民無所措手足，故君子名之必可言也，言之必可行也。」

在普通行文或辯論時，不常死守三段式或三支式的成規，常是省去一支或前後倒置。

西洋論理學和印度因明學，關於推論方式尙有一些規矩，爲避免推論的錯誤，中國儒家既不特別講究名學，在推論方面也未曾留下系統的規矩。

三、名實關係

1. 名實的關係

甲、儒家主張有名有實

西洋哲學史的認識論，可說是各學派爭論的焦點，所謂：實在論（Realism），唯心論（Idealism），唯名論（Nominalism）現象論（Phenomenalism），實徵論（Positivism）等，都是在研究我們人的認識和客體（對象）之間的關係究竟如何，實在論主張，名（觀念）以外有實（客體對象），而且名實相符。唯心論主張，名之外是否有實體，人不得而知，名只跟人心內的觀念相合。現象論則主張人的認識只能及於可以感覺的現象，現象以外則不得而知，抽象之名或精神體之名，便沒有實體。其餘的學派理論亦互異，茲不贅述。

中國哲學家對名實問題。大體可分佛、道、儒三家的不同。佛教主張「唯識」，以為「萬法（實體）皆空」。因此，名以外沒有實，實是第八識有漏種子所構成。人的認識都是幻覺，由於「我執」和「物執」的病所構成。同時，佛教也主張，「萬法互攝」，「一念三千」，因為只有「眞如」為實，萬法同一眞如。

道家莊子主張「齊物」。他並不否認萬物為實體，各有各的本質。可是他認為萬物的本質都由道而生，然後又歸於道。因此，萬物相等，無有差別。萬物的名，代表萬物的差別，只有相對的價值，莊子稱之爲「小成」，「小知」。「大成」和「大知」在於知「道」，「道」不可知，因是，「大知」爲「不知」。

儒家主張「正名」，孔子說：「故君子名之必可言也，言之必可行也」，每一名必有其實，名實相符，名始得正。儒家在認識論上是主張「實在論」。

乙、有實然後有名

易經上說：「古者包羲氏之王天下也，仰則觀象於天，俯則觀法於地，觀鳥獸之文與地之宜，近取諸身，遠取諸物，於是始作八卦」（繫辭下　第二）八卦的作成，是以天地的現象爲法象。因此，先有「實」，然後纔有「實」的代表——「名」。中國造字的六書，也是先有實然後才能按實來造字。

名的制定，緣於天官，荀子說：「然則何緣而以同異，曰：緣天官」（正名）天官是人的五官，各有各的對象，故「形體色理以目異，聲音淸濁調竽奇聲以耳異，甘苦鹹淡辛酸奇味以口異；香臭芬鬱腥臊洒酸奇臭以鼻異；疾養滄熱滑鈹輕重以形體異。」（正名）這些對象，不是天官的幻覺，乃是外界的實物。荀子因此，稱對象爲「實」。而且「實不喩然後命」，先有實而後有名。漢董仲舒解釋名號的起源說：「古之聖人，謞而效天地，謂之號；鳴而命施，謂之名。名之謂言，謞而效天地者爲之號；鳴而命者爲名。名號異聲而同本，皆名號而達天意者也。……事各順於名，名各順於天。」⑩事物之理，以天理爲本。在社會生活上，雖說是「名以制義」，然而人義是上效於天理，有天理然後有人義。

丙　名實相符

董仲舒說：「欲審是非，莫如引名。名之審於是非也，猶繩之審於曲直也。詰其名實，觀其離合，則是非之情，不可以相讕。」⓫以名爲審是非的尺度，並不是如唯心論所說，人心自造觀念，觀念爲是非曲直的標準。而是因「名」代表一個實，用這個名字時，就該有這個名的實，不然便不該用這個名。孔子曾說：「觚不觚，觚哉！觚哉！」（論語　雍也）觚沒有觚的外形，便不該稱爲觚了。觚的名，本來是有名有實，是名實相符的。如果亂用這個名，使名不符實，這是錯誤的。「齊景公問政於孔子，孔子對曰：『君君，臣臣，父父，子子』。公曰：『善哉！信如君不君，臣不臣，父不父，子不子。雖有粟，吾得而食諸！』」（論語　顏淵）君有君的實義，臣有臣的實義，假使一個爲君者，而無君的實義，便不應該稱爲君子。

儒家的正名，基本在於主張名實相符，若是不主張名實相符，名又如何得正呢？如莊子所說的千鈞等於鴻毛，泰山等於小丘，那就隨便說都可以了，還有什麼正不正呢？楊朱主張「名無實，實無名」，結果導成「絕對爲我」，不信社會上的事理，有任何的價值。眞理在他們看來是沒有客觀的標準的。

2. 名實關係的原則

名實既然該當相符；相符爲眞，爲是。不相符則當假，爲非。爲什麼有假，有非呢？這是因爲人犯了錯誤，荀子曾舉出幾類導致錯誤的原因，分述如下：

甲、論理方面的原因

「異物離心，交喩異物，名實互紐。」（正名）胡適之認爲，「此十二字，楊註讀四字一句，王校仍之，今從郝懿行說，讀六字爲句。互舊作玄，今從王校改。」⑫但我認爲，舊註的四字一句要比六字一句更易瞭解，故從舊。

A 異物離心，「離」解爲「亂」，心因物的異形而亂，荀子云：「凡觀物有疑，中心不定，則外物不清。」（解蔽），異形之物本該異名，有時也不該異名，「壯變而實無別而爲異者，謂之化。有化而無別，謂之一實。」（正名）僅看「異形」以爲同異的判準，終不免有誤。

B 交喩異物，一個名詞，若用爲代表幾個不同的物體，這個名詞，便會引起錯誤。還有一些字可以互訓或通用，這些名詞也會引起錯誤，譬如「刊」，「型」在古時候是可以互相借用的。

C 名實玄紐，玄字該爲互字，名實互紐，即是說，名和實互相紐結不清，不完全恰合。例如：稱老人爲「耄耋」，小孩命爲「黃ㄖ」，「人」和「耄耋」，「黃ㄖ」相紐結，因爲都是人，但並不完全相符；因人的含義廣，若用耄耋，或黃ㄖ去稱呼一切人，便不對了。

名實互紐，紐字還解爲亂，即是荀子所謂以實亂名，不名亂實。「山淵山，情慾寡，芻豢不加甘，大鐘不加樂，此惑於用實以亂名也……非而謁楹有牛，馬非馬也，此惑於用名以亂實者也。」（正名）

乙、心理方面的原因

A 偏見「蔽於一曲，而闇於大理」（解蔽）偏於一種見解，不知瞭解全局的大理，一定會有錯誤；因爲「夫道者，體常而盡變，一隅不足以舉之」（解蔽）

B 多疑「治則復經，而疑惑矣」（解蔽）有條有序，思索不亂，則可以得經常之道，若是也懷疑，非也懷疑，那就無所置手足，一定會產生錯誤的。

C 私心「私是所積，唯恐聞是惡也。」（解蔽）心中存有私心。合於私心則認爲是，不合於私心的則惡之，那還能不錯嗎？

D 心不在「心不在焉，則黑白在前面目不見，雷鼓在側而耳不聞。」（解蔽）如此，便不能辨別是非了。

E 觀點不正「數爲蔽，欲爲蔽，始爲蔽，終爲蔽，遠爲蔽，近爲蔽，博爲蔽，淺爲蔽，古爲蔽，今爲蔽」（解蔽）單單從一個觀點，去觀察別的事物，免不了把事物的全象失卻，「故從山上望牛者若羊，而求羊者不下牽也，遠蔽其大也。從山下望木者，十仞之木若箸，而求箸者不上折也；高蔽其長也。水動而景搖，人不以定美惡，水埶玄也……」（解蔽）

F　情欲動心「故人心譬如槃水，正錯而勿動，則湛濁在下，而清明在上，則足以見鬚眉而察理矣。微風過之，湛濁動乎下，清明亂於上，則不可以得大形之正也。小亦如是矣。故導下以理，養之以情，物莫之傾，則是以定是非，決嫌疑矣。小物引之，則其正非易，其心內傾，則不足以決庶理矣。」（解蔽）情欲動心，人若遭情慾的蒙蔽，則不能看清事理了。

3.　求知識正確的條件

甲、坦　白

「君子於其所不知，蓋闕如也」（論語　子路）「君子一言以爲知，一言以爲不知，不可不愼也」（論語　子路）言語要坦白誠實，不可詭辯，不可強辭奪理，要能夠做到「知之爲知之，不知爲不知」才不致於造成混淆的境地。

乙、多　問

孔子常教門生要不耻下問，有一次子貢問他，「孔文子何以謂之文也，」子曰：敏而好學，不恥下問，是以謂之文也」（論語　公冶長）曾子也曾讚美顏回，「曾子曰：以能問於不能，以多問於寡，有若無，實若虛，犯而不校，昔者吾友嘗從事於斯矣」（論語　泰伯）這是狀寫顏淵虛懷若谷的美德，不自以爲是，我們一般人，雖不能做到這種地步，但也該「就有道而正焉」（論語　學而）

丙、愼　思

自以爲是，或道聽塗說，無所採擇也是致誤的原因，爲求知識，最要緊的是要愼加思考。「博學之，審問之，愼思之，明辨之，篤行之」(中庸 第廿)愼思才能明辨，也是篤行的基本方向，孔子說：「學而不思則罔，思而不學則殆」(論語 為政)也就是這個道理。

丁、以道為標準

眞理的標準是什麼呢？荀子認爲「聖人知心術之患，見蔽塞之禍，故無欲無惡，無始無終，無近無遠，無博無淺，無古無今，兼陳萬物而中縣衡焉。是故衆異不得相蔽以亂其倫也。何謂衡？曰：『道』故心不可以不知道，心不知道，則不可道而非道。」(解蔽)「道」是衡量事理的標準，人心常該循道來論事物。

「心也者，道之工宰也。道也者，治之經理也。心合於道，說合於心，辭合於說，正名而期，質請(情)而喩。辨異而不過，推類而不悖。聽則合文，辨則盡故。以正道而辨姦，猶引繩以持曲直，是故邪說不能亂，百家無所竄」(荀子 正名)上述這段話，可以做爲儒家名學的總結了。

道家不否認名有實，然因主張大智，直接認識「道」，理智推論之知，都沒有價值，莊子乃主張沒有是非，即不能定是非。佛家則以爲名都是假名，沒有實相，假名所指，唯識論說是阿賴耶識所造，華嚴宗說是眞如的性起，天臺宗說是眞如的染汚。唯獨眞如爲實相。但眞如不可知，不可說，只能說是「如如」。儒家則常主張理智可以認識自己的對象，而且不像西洋哲學設定主體和客體分離的問題。因爲儒家的研究方法重在體驗。主體和客體合而爲一。「體驗」不是「直觀」或「直覺」(Intuition)「直觀」或「直覺」乃是道家莊子和佛教禪宗的思想。儒家的思想平易近人合於一般人的共識。

註

❶ 胡適 中國哲學史大綱卷上 第卅六頁 商務 民十九年

❷ 顧實 中國文字學 第二頁 商務

❸ 王鳴盛 十七史商榷 卷五

❹ 馮友蘭 中國哲學史 第二三九頁

❺ 章太災 語言緣起說

❻ 章太炎 原名

❼ 同❶第三三八頁

❽ 章太災 檢論三

❾ 虞愚 中國名學、第四〇頁 正中

❿ 董仲舒 春秋繁露 深察名號

⓫ 同❿

⓬ 同❶第三三〇頁

國立中央圖書館出版品預行編目資料

儒家形上學/羅光著. --三版. --臺北市：臺灣學生,民80

面；　公分.

ISBN 957-15-0251-0 (精裝). --ISBN 957-15-0252-9 (平裝)

1. 儒家　2. 形上學

121.2　　80002513

儒家形上學（全一册）

著作者：羅光
出版者：臺灣學生書局
發行人：丁文治
發行所：臺灣學生書局
台北市和平東路一段一九八號
郵政劃撥帳號〇〇〇二四六六八號
電話：三六三四一五六
FAX：三六三六三三四
本書局登記證字號：行政院新聞局局版臺業字第一一〇〇號
印刷所：淵明印刷廠
地址：永和市成功路一段43巷五號
電話：九二八七一四五
香港總經銷：藝文圖書公司
地址：九龍偉業街九十九號連順大厦五字樓及七字樓
電話：七九五九五九五

定價 精裝新臺幣三三〇元
平裝新臺幣二八〇元

中華民國八十年九月初版

12022

ISBN 957-15-0251-0 (精裝)
ISBN 957-15-0252-9 (平裝)